金融产品销售实务

主　编：王宇能　胡浪涛　石　搏
副主编：何　惠　邝　慧

中国商业出版社

图书在版编目（CIP）数据

金融产品销售实务 / 王宇能，胡浪涛，石搏主编
. -- 北京：中国商业出版社，2023.12
ISBN 978-7-5208-2705-8

Ⅰ. ①金… Ⅱ. ①王… ②胡… ③石… Ⅲ. ①金融产品—市场营销学 Ⅳ. ① F830.9

中国国家版本馆 CIP 数据核字 (2023) 第 218488 号

责任编辑：石胜利
策划编辑：王　彦

中国商业出版社出版发行
（www.zgsycb.com　100053　北京广安门内报国寺 1 号）
（总编室：010-63180647　编辑室：010-63033100）
发行部：010-83120835/8286
新华书店经销
河北赛文印刷有限公司印刷
*
710 毫米 ×1000 毫米　16 开　15.5 印张　269 千字
2023 年 12 月第 1 版　2023 年 12 月第 1 次印刷
定价：68.00 元
* * * *

目 录

项目四　项目四　分析金融产品消费者购买行为

项目五　项目五　识别与接触客户

项目六　项目六　处理异议与促单成交

项目七　跟进客户提供售后服务

项目八　长期维护客户关系

项目一

认知金融产品销售及职业素养

知识目标

· 了解金融与金融产品的内涵。
· 了解金融产品的开发步骤和生命周期管理。
· 熟知金融销售人员的职业素养。

能力目标

· 能够依据产品生命周期理论，分析现有的金融产品。
· 能够根据金融产品开发流程，提出合适的产品优化建议。

素养目标

· 树立正确的产品销售观念。
· 培养产品的学习能力，运用正确方法掌握新知识。
· 培养销售人员的职业素养和道德。

思政育人目标

· 树立诚实守信理念。
· 培养创新意识、与时俱进精神。

引导案例

余额宝引导年轻人零钱理财

余额宝是中国阿里蚂蚁金服于2013年推出的一款理财产品，用户可以将闲置的零钱通过支付宝App直接转入余额宝进行投资，实现资金的安全增值。其创新点主要在于其高收益、灵活性以及方便快捷的用户体验。余额宝收益率曾高达4%，甚至曾经达到过6%，远远高于银行储蓄利率，同时用户可以随时转入转出，没有门槛和交易费用，方便快捷。

作为一款互联网金融产品，余额宝的推出大大改变了传统的理财行为，吸引了大量的年轻用户加入，成为拥有亿级用户的理财产品。许多年轻人虽然对于金融产品的了解相对较少，但因为余额宝收益相对高一些，于是决定尝试使用。他们在支付宝上开通了余额宝账户，将手头的闲置资金存入，得到了收益。不仅如此，他们还可以在任何时候自由使用这笔钱，不用担心错过投资机会。在便利和高收益的模式下，越来越多的年轻人喜欢余额宝这款产品，并将更多的资金转入其中，甚至分享给他们的父母。

思考一下

除余额宝之外，你还了解哪些类似的金融产品？在选择投资时，你更看重的是哪些方面？

课前自学

一、金融的含义与金融产品的定义、分类和特征

（一）金融的定义

金融在现代经济中扮演着至关重要的角色，是经济活动中不可或缺的一部分。随着市场经济的不断发展，金融领域中涌现了各种各样的金融产品，从而极大地促进了经济发展。

金融是指在经济活动中对货币、资金进行管理、调剂、流转和监管的一整套制度和服务体系，包括货币、银行、证券、保险等各种金融机构和金融市场。金融的重要性可以从以下几个方面体现。

（1）资金流转：金融是资源配置的重要工具，在经济活动中起到资金流转的积极作用。经济活动对资金需求的不断增加，要求金融体系不断提高其质量和服务水平，使其成为经济中不可或缺的组成部分。

（2）风险管理：金融可以提供风险管理和保险服务，使资本的流动更加规范和公平。各种金融机构及服务提供了多样化的金融产品，以规避风险、提供保险服务，并为投资者提供实现财富增值的机会。

（3）信息中介：金融市场可以提供信息中介服务。通过市场信息，决策者可以对经济发展偏好和需求得到较为准确的反馈，方便其决策，并借助市场发现商业机会，从而推动经济更加高效地运作。

（4）经济促进：金融的发展对于经济的发展至关重要。金融机构的建立和发展强化了经济中的各种活动之间的联系，提高了资金流通的效率，缩小了信息不对称的影响，进而使经济活动的效率得到提升。

综上所述，通过金融，国家、企业和个人都可以实现资源的更好配置、风险的规避、信息的交流和经济的发展，从而在整个经济生态系统中起到举足轻重的作用，成为现代经济的重要基石。

阅读拓展

金融人物传记——查理·芒格

查理·芒格（Charlie Munger）是一位在全球享有盛誉的金融领域大师，他在金融投资领域的成就备受业内赞誉。作为伯克希尔·哈撒韦公司的副主席，芒格主要负责巴菲特旗下公司伯克希尔的投资和业务增长领域，他出色的投资策略使得伯克希尔公司成为华尔街最成功的投资公司之一。

芒格的投资理论主张价值投资和长期持有，注重投资的安全性和资产的保值增值。他认为，成功的投资不是短期内高额的回报，而是在长期积累下的超额收益。他们所投资的企业经常是新兴快速成长的企业，而且这些企业长期稳健的业绩表现都是出色的。

除了在投资领域方面的成就，芒格也在金融领域贡献了许多创新的想法。他主张投资者应该更积极关注自身的思维定式，避免跟随主流，进而优化投资策略。他喜欢不断地学习新的知识，避免陷入思维定式，推崇跨学科思考的方法，从不局限于自己的专业领域。他认为，这种跨学科思考能够帮助我们以更加开放、创造性和创新的方式解决各类商业和金融问题。

总之，芒格在金融领域获得了极高的荣誉，并留下了众多奇妙的金融见解。他的投资策略、金融哲学都成为整个金融行业学习的范本。

（二）金融产品的定义、分类和特征

金融产品是由金融机构开发和提供的一种金融工具或服务，其本质是满足投资者和借款人的需求，帮助他们达到财务目标和风险管理目的，同时促进资本市场的发展和经济的繁荣。金融产品经常被称为“一物四名”，根据不同的使用者、目的、作用可以称为“金融产品、金融资产、有价证券或者金融工具”。以股票基金为例，对于证券交易市场而言，它是一种公开发售的金融产品；对于公司而言，它是一种重要的融资工具和手段；而对于普通交易者而言，它是投资甚至投机的重要工具。

即学即用

你认为金融产品对于你而言，它的功能和作用有哪些？用上述哪个名字更能体现它对你的意义？

1. 金融产品根据功能来分类

（1）投资型产品：如股票、债券、基金等，主要用于投资者实现资本增值和风险管理。

（2）保险型产品：如人寿保险、医疗保险等，主要用于保障个人和家庭的财产和健康。

（3）融资型产品：如贷款、债券等，主要用于企业和个人获得资金支持。

（4）派生型产品：如期货、期权等，主要用于投资者进行风险管理和投机。

（5）金融衍生品：如利率互换、汇率互换、信用违约掉期等，其本质是以一种或多种金融资产作为基础资产，将风险进行切割和转移，以达到保值增值的目的。

2. 金融产品根据其服务对象来分类

（1）零售金融产品：服务于个人、家庭的金融产品，主要包括各类银行卡、信用卡、理财产品、保险产品、个人借贷等。零售金融产品的特点是面向普通消费者和小额资产者，主要特点是便捷性、易操作性、分散化。

（2）批发金融产品：面向企业和机构投资人开发的金融产品，通常需要较大的资金量才能购买，主要包括债券、企业贷款、私募基金、证券等。批发金融产品的特点是金融门槛高、风险大、回报高、投资性强。

3. 金融产品根据发行机构来分类

（1）银行产品：由银行机构发行的金融产品，如存款、理财产品、贷款、信用卡等。

（2）证券产品：由证券公司发行的金融产品，如债券、股票、证券投资基金等。

（3）保险产品：由保险公司发行的金融产品，如寿险、财产险、健康险等。

（4）基金产品：由基金管理公司发行的金融产品，如开放式基金、封闭式基金等。

（5）信托产品：由信托公司发行的金融产品，如集合信托、单一信托等。

需要注意的是，在现实生活中，单个金融产品的发行机构可能包括多个机构的联合发行，也可能跨越多个领域，如银行保险联合发行的理财产品。又比如，“引导案例”中的余额宝就是阿里蚂蚁金服集团与天弘基金管理有限公司携手共同开发的一款货币基金产品。

然而，金融产品因其特殊性，具有以下四大主要特征（见图 1–1）。

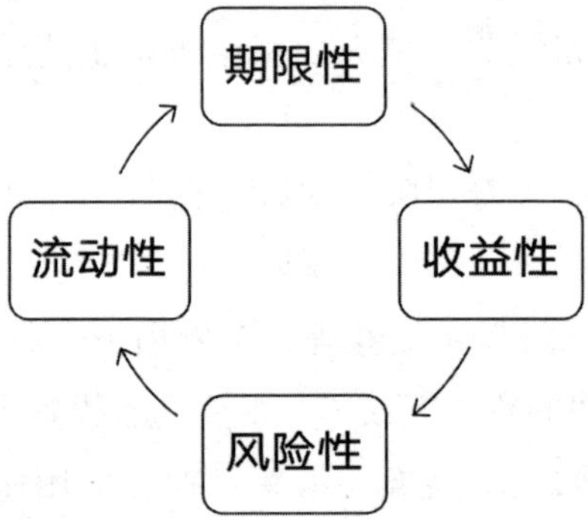

图 1−1　金融产品的四大主要特征

（1）期限性：金融产品通常设有一定期限，即产品的生命周期，其在此期限内具有特定的预期收益和风险。比如，银行活期存款有较高的安全性和流动性，且期限一般较短，即存即取。

（2）收益性：金融产品的主要目的是实现持有人的预期收益，收益来源主要包括利息收入、股利收入、资本增值等多种形式。比如，股票具有较高的风险和预期收益，投资者可以通过股票增值和分红领取实现收益。

（3）风险性：金融产品作为一种投资工具，具有一定的风险，其风险主要涉及市场风险、信用风险、流动性风险、利率风险等。比如基金，特别是股票型基金，风险和收益一般都较高。

（4）流动性：金融产品的流动性指的是产品的市场交易性，即可以在市场上进行买卖，并以该市场价格进行交易。 比如，信托以信托资产收益为主，流动性较差。

总而言之，金融及其产品在现代经济中扮演着至关重要的角色。对金融产品进行分类和特征梳理，有助于我们更好地理解金融市场和金融产品，更好地制订金融决策，以及更好地使用金融产品实现个人和企业资产的保值增值。

即学即用

请思考一下，既然不同的金融产品有不同的期限性、收益性、风险性以及流动性，那么普通个人和家庭应该如何选购金融产品？

二、金融产品开发和生命周期管理

（一）金融产品开发

金融产品开发一般会基于市场需求、竞争情况、评估风险等情况，研发新的金融产品或对现有金融产品进行改进、创新，以满足不同客户的需求，提高市场竞争力和盈利能力。金融产品开发步骤如图 1–2 所示。

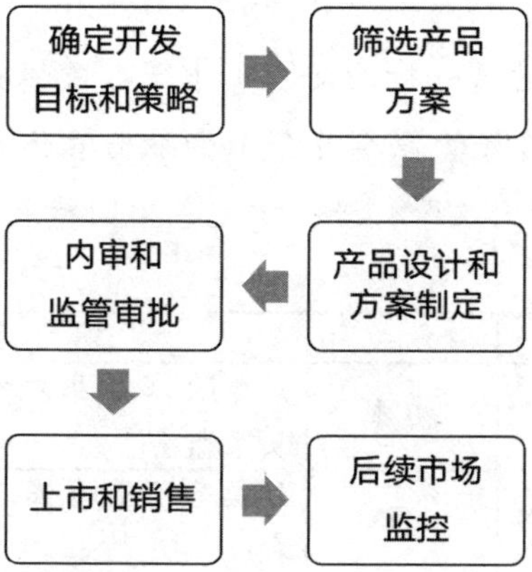

图 1–2　金融产品开发步骤

（1）确定开发目标和策略：分析市场需求和竞争情况，确定开发目标和策略。这涉及确定产品的类型、特点、定位、目标客户群体、营销策略等。

（2）筛选产品方案：根据开发目标和策略，筛选出符合市场需求、回报风险比较合理的金融产品方案。

（3）产品设计和方案制订：确定产品的名称、特点、收益结构、风险控制措施、资金使用途径、投资标的等各方面内容，并制订相应的营销、推广、服务等配套措施。

（4）内审和监管审批：在设计和制订方案后，内部进行审查和风险控制，在合规性审查及相关监管机构的审批后，正式发布产品。

（5）上市和销售：进行宣传、推介和销售工作，吸引客户投资和购买金融产品。

（6）后续市场监控：对金融产品的市场运行情况进行监控和跟踪，及时调整产品设计和销售策略，保证产品长期健康运营。

需要注意的是，金融产品开发需要充分考虑风险评估、市场需求和监管审批等方面，以确保产品开发的合规性、有效性和稳健性。

阅读拓展

金融监管体系改革：从“一行两会”到“一行一局一会”

自2018年起，我国的“一行两会”（中国人民银行、中国银行保险监督管理委员会以及中国证券监督管理委员会）金融监管体系运行了5年。2023年，金融监管体系迎来新一轮大改革，进一步完善中国特色的“双峰”监管模式，如图1-3所示。

涉及机构	方式	具体内容
国家金融监督管理总局	新建	负责除证券业外的金融业监管，不再保留银保监会
中国证券监督管理委员会	调整	由国务院直属事业单位调整为国务院直属单位
中央金融管理部门地方派出机构	改革	深化地方金融监管体制改革
中国人民银行	调整	设立省级分行，不再保留县（市）支行
中央金融管理部门	改革	将中央金融管理部门管理的市场经营类机构剥离
中国证券监督管理委员会 国家外汇管理局 国家金融监督管理总局	优化	金融管理部门工作人员纳入国家公务员统一规范管理

图1-3 金融领域国务院机构改革方案主要内容

2023年3月10日，十四届全国人大一次会议表决通过了关于国务院机构改革方案的决定，批准了国务院机构改革中6项涉及金融监管领域，包括横向整合优化“一行两会”监管职能，纵向精简合并下设分支架构；汲取“双峰”监管模式优势，协同宏观政策与微观监管，厘清中央机构与地方分支职能。

这一次改革的亮点在于在中国银行保险监督管理委员会（以下简称“银保监会”）的基础上组建国家金融监督管理总局（以下简称“金融监管总局”），将中国人民银行的日常监管职责、有关金融消费者保护职责，中国证券监督管理委员会（以下简称“证监会”）的投资者保护职责划入金融监管总局。

中国人民银行将剥离行为监管职能，分支机构也迎来改革，调整中国人民银行大区分行体制，按照行政区设立分支机构；证监会则调整为国务院直属机构，并由证监会统一负责公司债和企业债的发行审核工作。

至此，中国金融监管体系形成新的“一行一局一会”格局，中国人民银行专注货币政策和宏观审慎监管，金融监管总局集机构监管与行为监管于一体，证监会则专司资本市场监管。

（二）金融产品生命周期管理

金融产品生命周期指的是金融产品从引入到最终退出市场的一个完整周期过程。金融产品从设计、开发、销售、运营到退出市场的不同阶段，都有不同的特点和挑战，而金融产品的生命周期也会受到市场变化的影响。这一理论在金融领域中的应用是非常广泛的。金融产品生命周期如图1–4所示。

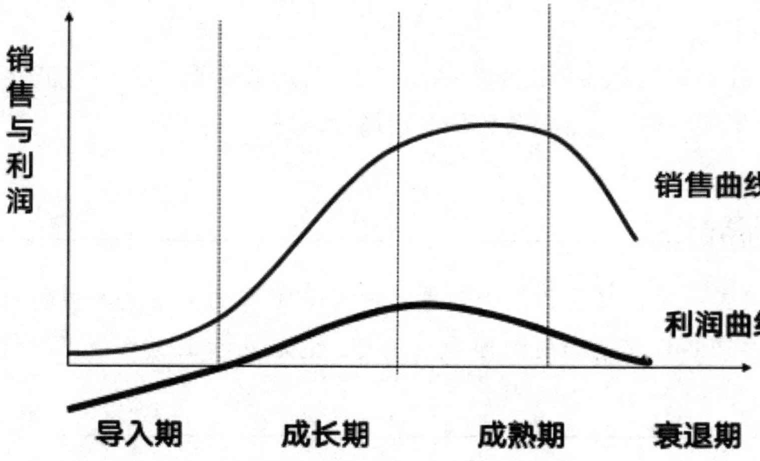

图1–4　金融产品生命周期

在金融产品生命周期中，一般将金融产品的生命周期分为导入期、成长期、成熟期和衰退期四个阶段。

1. 导入期

金融产品刚刚引入市场，销量不高，但是有较高的市场潜力。在该阶段，产品还没有被广泛接受。推销策略应重点放在产品介绍上，可以通过社群运营和私域流量筛选出精准客户，吸引该群体注意力并增强兴趣。同时，要选择一些有影响力的重要客户或机构进行试用或评估，以增强产品的可信度和吸引力。

2. 成长期

金融产品销量快速增长，市场份额稳步增加。在该阶段，金融产品推销策略应重点放在组合优化和风险控制的推广上，可以针对目标客户进行产品优化和定制，加强金融产品的差异化和定制化。同时，与消费者深度互动，增加投资者教育活动。

3. 成熟期

在该阶段，市场已逐渐饱和，竞争也越来越激烈。推销策略应重点放在维护和提升市场份额和品牌形象上，可以通过市场细分化、新的促销活动等方式来刺激增长，并且要关注客户需求的变化，及时调整产品策略。

4. 衰退期

在该阶段，市场已经饱和并开始萎缩。推销策略应重点放在节约营销成本、产品创新以及维护老客户的忠诚度等方面，应特别注重客户维护与沟通，增强客户忠诚度和意愿。

因此，在不同的金融产品生命周期阶段，管理者需要采取不同的策略，以应对不同的市场环境和需求，开发不同的市场和客户。

即学即用

请思考一下，目前你或者你身边的人是否有购买不同类型的金融产品？这些产品目前是如何向你们推销的，它们处于上述生命周期的哪个阶段？

案例研读

“用满腔热情，治半亩方塘”——山西证券投资者教育

投资者教育是投资者权益保护的重要途径，丰富的投教产品体系是服务投资者的重要工具。随着金融市场的快速更迭，投资者的投资需求在不断升级，理财需求也在快速增长。为了使投资者更加广泛地关注金融市场，学习了解金融知识，积累投资经验，互联网的传播效应在拉动投资者参与资本市场方面产生了积极作用。因此，投资者无论是对被动性投资的接受度，还是对金融认知和资产配置多样性的提升，都与投教产品的内容形式及传播的便利度息息相关。

山西证券投资者教育基地（以下简称“投教基地”）结合区域特色，挖掘晋商元素，针对投资者需求制作开发了形式丰富、内容活泼、有趣好玩、互动性高的系列投教产品，提升投资者获取金融知识的便利性。

投教基地紧扣山西地域文化，挖掘晋商元素，制作“看得懂”“记得住”“有文化”的特色投教产品。同时，投教基地结合区域特色，以山西晋商形象、关公形象、剪纸人物等为基本元素，逐步形成了“晋商老西儿”系列图文投教产品、剪纸系列动画投教产品、“过关斩将”互动答题产品等，并且注册发布了“晋商老西儿”形象微信表情包等产品，通过多种渠道输出，帮助投资者深入了解证券知识，提高投资者金融素养。另外，运用各类场景帮助投资者了解“黑群”“黑 App”“非法证券活动”等陷阱，传递“理性投资 价值投资”理念，深受投资者喜爱。

投教基地从证券基础知识、产品特点、投资者适当性管理、业务风险等方面入手，制作差异化投教产品；利用公司大数据技术，通过投资者行为数据分析，精准了解投资者喜好和需求；根据投资者兴趣点或痛点，推送对应的投教信息，传递精准的投教服务；逐步改变传统的“大水漫灌”式投教输出，以精准投教方式提升投教的有效性。

思考一下

请思考应该如何结合你所在区域的特色文化，挖掘金融元素，以提升当地投资者的金融素养？

三、金融销售人员职业素养

（一）金融销售人员岗位

金融的最终目的是销售。目前，银行、保险、证券、信托、私募基金以及消费金融等金融机构每年都会有大量金融产品销售人员的岗位需求，具体机构以及岗位如下。

1. 银行

个人客户经理：负责个人客户的维护及销售工作，需要具备扎实的金融产品知识和卓越的销售技巧，以达到使客户满意的目标。

企业客户经理：负责企业客户的维护及销售工作，需要具备对企业客户运营和金融需求的深刻理解，以及全面的金融产品知识和卓越的销售技巧。

财富管理顾问：负责高净值客户的维护及销售工作，需要具备对高净值客户的深刻理解、财税规划、遗产规划等专业知识，并具备优秀的服务意识和人际交往能力。

2. 保险

保险顾问：负责为客户提供保险咨询和保险方案设计，并通过现代化销售方式达成保险销售的目标。需要具备专业的保险知识和销售技巧，并具备风险管理意识和快速学习能力。

保险代理人：负责代理保险公司销售保险产品，需要具备扎实的保险产品知识和卓越的销售技巧。

3. 证券

证券经纪人：负责客户资产管理、证券投资咨询、证券交易等，需要具备全面系统的证券知识、精湛的投资分析技能和良好的客户服务经验。

固定收益产品销售人员：负责销售证券公司的固定收益类产品，需要具备丰富的金融产品知识、市场分析和把握市场风险的能力。

基金销售人员：负责销售证券公司的基金产品，需要具有扎实的基金知识，对市场信息了解深入，同时具备优秀的风险把控能力和高效的销售能力。

4. 信托

信托经理：负责为机构和个人的信托需求提供服务，需要具备扎实的信托产品知识和卓越的销售技巧。

5. 私募基金

资产管理顾问：负责为客户提供资产管理咨询服务，需要具备丰富的资产管理经验、专业的理财知识和销售技巧。

私募基金销售专员：负责销售私募基金产品，需要具备扎实的基金知识和销售技巧。

6. 消费金融

贷款经理：负责为客户提供贷款咨询、申请和审批等服务，需要具备扎实的信贷知识和卓越的销售技巧。

信用卡销售专员：负责销售信用卡产品，需要具备丰富的信用卡知识和卓越的销售技巧。

分期付款销售专员：负责销售消费金融产品，需要具备扎实的金融产品知识和卓越的销售技巧。

（二）金融销售人员职业素养

作为金融销售人员，其职业素养包括专业知识（金融市场、风险管理、投资理财、政治、经济、社会和心理学）和销售技巧，还包括以下几个方面。

1. 专业道德

秉承专业精神和诚信原则，保持真诚、公正、透明的态度，恪守职业操守和行业准则，切实维护客户权益。

2. 客户服务

积极与客户沟通交流，了解客户需求，提供全面的产品咨询和服务，为客户提供专业、高效、满意的服务体验。

3. 风险管理

深入了解金融市场和产品，严格把控风险，合理配置标的资产，向客户提供真实、全面的风险披露和评估，帮助客户科学合理投资。

4. 团队合作

热爱团队，积极建设和谐、富有活力的销售团队，发挥个人的长处和优势，共同实现团队和企业的共同目标。

5. 自我学习

不断积累专业知识，紧跟市场变化，了解新产品和新业务，提高专业素质和自我素养，保持行业领先地位。

6. 适应变化

拥抱变化，积极应对市场变化和行业趋势，不断调整自己的销售策略和风格，适应市场发展。

7. 优秀实践

注重实践，记录客户服务过程和成果，及时总结和反思经验，不断完善自己的职业素养和销售技巧。

综上所述，金融销售人员应当具备良好的职业道德和服务意识、精湛的专业知识和销售技巧、卓越的风险管理能力、团队合作意识、自我学习能力、适应市场变化能力以及优秀的实践能力等职业素养。

金融思政

树立合规服务意识，规范金融营销宣传

为支持打好防范化解重大金融风险攻坚战，切实保护广大金融消费者的合法权益，中国人民银行等四部门联合发文，进一步规范金融营销宣传行为，明确提出“八不得”。

近几年来，大量违法违规金融营销宣传活动误导诱骗金融消费者，金融消费者合法权益遭受严重侵害。为此，中国人民银行、银保监会、证监会和外汇局联合制订并发布《关于进一步规范金融营销宣传行为的通知》（以下简称《通知》），明确了金融营销宣传的资质要求、监管部门职责、行为规范、对违法违规行为的监管措施等，自 2020 年 1 月 25 日起施行。

《通知》对一些不当金融营销宣传行为提出了明确的禁止性规定：一是不得非法或超范围开展金融营销宣传活动；二是不得以欺诈或引人误解的方式对金融产品或金融服务进行营销宣传活动；三是不得以损害公平竞争的方式开展金融营销宣传活动；四是不得利用政府公信力进行金融营销宣传活动；五是不得损害金融消费者知情权；六是不得利用互联网进行不当金融营销宣传活动；七是不得违规向金融消费者发送金融营销信息；八是不得开展法律法规和金融管理部门认定的其他违法违规金融营销宣传活动。

中国人民银行等四部门有关负责人表示，下一步，各相关部门将按照法定监管职责，推动严格落实《通知》各项规定，全面强化金融营销宣传行为监管。相关市场经营主体应按照《通知》要求，抓紧开展自查整改，严格约束相关从业人员，确保金融营销宣传行为依法合规。

思考一下

回想一下，你是否被推销过金融产品，他们在宣传方面有哪些不规范的宣传行为？

知识点测试

（一）选择题

1. 金融产品的“一物四名”不包括（　　）名称。

A. 金融产品　B. 金融资产　C. 有价证券　D. 金融工具

2. 在（　　），金融产品销量快速增长，市场份额稳步增加。

A. 导入期　　B. 成长期　　C. 成熟期　　D. 衰退期

3. 在金融产品开发过程，合规性审查是（　　）这一步骤的重要内容。

A. 筛选产品方案　　　　　　B. 内审和监管审批

C. 产品设计和方案制订　　　D. 后续市场监控

4. 下列不属于消费金融机构的销售岗位的是（　　）。

A. 贷款经理　B. 信用卡销售专员　C. 分期付款销售专员　D. 信托经理

5. 金融产品的主要特特征不包括（　　）。

A. 期限性　　B. 收益性　　C. 社交性　　D. 流动性

（二）判断题

1. 通过金融，国家、企业和个人都可以实现资源的更好配置、风险的规避、信息的交流和经济的发展。（　　）

2. 批发金融产品是面向个人、企业和机构投资人开发的金融产品，需要的资金量可大可小。（　　）

3. 为了更好地提升产品销量，金融产品开发可以忽略部分风险评估和监管审批等流程。（　　）

4. 金融产品生命周期指的是金融产品从引入到最终退出市场的一个完整周期过程。（　　）

5. 在金融产品生命周期中，一般将金融产品的生命周期分为导入期、成长期、成熟期和衰退期四个阶段。（　　）

（三）简答题

1. 金融对经济的重要性体现在哪几个方面？

2. 金融产品的开发一般会经历几个步骤？

3. 除了专业知识外，金融产品销售岗位还要求什么职业素养？

4. 投资者教育的主要作用是什么？

课中实训

实训一：金融的含义与金融产品的定义、分类和特征

实训目标：

学生能通过小组合作的形式，搜索出市场上主流的金融产品，并细致分析和梳理出此类产品的特点、面向人群、风险等基本信息，帮助学生理解金融和金融产品的内涵。

任务描述：

金融产品销售是金融运转的核心。因此，想要成为一名合格的金融产品销售者，首要就是去了解产品本身，了解其分类、特征等相关信息，为下一步销售打下知识基础。

任务要求：

以小组为单位，围绕当前金融的主流机构（银行、证券、保险、信托和消费金融）进行产品分析，可以分析该机构的主打产品或者热销产品（各类型机构至少收集一款产品），梳理该产品的特点（包括但不限于产品名称、产品优势、功能与服务、价格、购买渠道、购买流程、面向人群以及风险等信息），最后将任务的成果填写在表 1–1 中。

表 1–1　金融产品调研

机构名称	任务成果 （包括但不限于产品名称、产品优势、功能与服务、价格、购买渠道、购买流程、面向人群以及风险等信息）
银行：	
证券：	
保险：	
信托：	
消费金融：	

实训二：金融产品的开发和生命周期管理

实训目标：

学生能通过小组合作的形式，结合实训一的任务结果和产品生命周期理论，判断被调研的金融产品处于生命周期的什么阶段，并结合课本内容思考销售策略。这个实训让学生掌握对金融产品生命周期的基本应用能力。

任务描述：

产品生命周期有助于确定合适的销售策略。因此，针对上一任务调研的结果，学生可以进一步应用该理论，分析已调研产品属于哪个周期阶段，并提出初步的营销策略与销售方案。

任务要求：

以小组为单位，围绕上一任务的“产品调研结果”，结合金融产品生命周期理论，在小组讨论后判断该产品处于生命周期什么阶段（提供判断依据）。然后，根据该产品的特点提出初步销售的建议及优化方案，最后将任务的成果填写在表 1–2 中。

表 1–2　根据生命周期提出销售建议

产品名称	任务成果（销售建议、优化方案）
银行：	
证券：	
保险：	
信托：	
消费金融：	

实训三：金融销售人员职业素养

实训目标：

学生能进一步了解金融产品销售的具体岗位要求和职责，能够根据自己的兴趣和特长挖掘合适岗位，并思考自身未来职业发展的道路。这个实训让学生树立职业发展观以及培养职业素养。

任务描述：

职业生涯规划是人生发展的重要工具。因此，学生可以根据课本里具体的金融销售岗位，结合自己的兴趣爱好以及优势，为自己制订职业生涯计划。

任务要求：

以个人为单位，根据课本里具体的金融销售岗位，结合自己的兴趣爱好以及优势，选择其中一个具体岗位。然后，登录智联招聘或者前程无忧等招聘网站，搜索该岗位的要求和岗位职责等信息，根据要求制订未来五年的中期职业发展计划（请具体到时间和要掌握的能力或者要考取的证件），最后将任务的成果填写在表 1–3 中。

表 1–3　职业生涯规划

岗位名称	任务成果（岗位分析 + 未来五年职业生涯规划）

课后提升

案例研读

中国银行山东省分行：金融创新“贷”动乡村振兴

农业强不强、农村美不美、农民富不富，决定着乡村振兴发展的成色和社会主义现代化的质效。近年来，中国银行山东省分行扎实做好乡村振兴工作。2022年，该行将农、林、牧、渔业列为积极增长类行业，创新推出“乡村好青年贷”“鲁担惠农贷”“沂蒙福农贷”等富有山东特色的金融产品，加大乡村振兴信贷投放力度，全面提升对各类农业客群的服务能力，输出了服务乡村振兴的“中行方案”。截至2022年年末，中国银行山东省分行涉农贷款余额1086亿元，较年初新增120亿元。

近年来，中国银行临沂分行把服务乡村振兴作为一项重点工作，根据不同县域类型制订差异化的支持政策。针对各县域重点发展的产业，如费县板材、兰陵蔬菜、平邑金银花、临沭柳编、莒南花生等特色农业产业，该行加强与当地政府的对接，积极开展市场调研，了解金融需求，实施分类发展，创新推出“沂蒙福农贷”系列信贷产品，包括“木业贷”“蔬菜贷”“金银花贷”“柳编贷”“花生加工贷”等，实现了“一县一品”。该行还创新推出临沂市“外贸出口企业供应链融资”产品，为一批农副产品加工、橡胶和塑料制品、金属制品、木材加工等小微企业提供了融资支持，助力实现临沂市在打造乡村振兴齐鲁样板中走在前列的目标。

思考一下

国家为何要推进普惠金融高质量发展，助力乡村振兴战略？

知识梳理与归纳：（请绘制本项目的思维导图）

思考总结与心得分享：

项目二

打造金融销售团队

知识目标

· 了解金融产品销售人员的选拔维度要求。

· 了解销售团队组建基本思路。

· 知晓金融产品销售培训体系构成。

能力目标

· 能够设计金融产品销售人员选拔和培训的流程和内容。

· 能够组建合适的销售团队。

· 能够合理设计完整的、适合的销售培训体系和课程。

素养目标

· 树立正确的销售服务观念。

· 培养团队配合的意识。

· 培养销售人员的职业素养和道德。

思政育人目标

· 树立团队协同合作精神。

· 培养与时俱进精神。

引导案例

证券小白升职记

陈某某，一名来自河南的保安，只有高中学历。经过7年的保安、搬运工和学徒工作后，他来到上海成为一名证券经纪人，实现了跨入白领阶层的梦想。当他在排名前三的证券公司工作时，也曾感到困惑和迷惘。

陈某某相信在竞争激烈的市场环境中，自己的能力能得到锻炼，于是他报读中国香港地区某大学，提升他的思维能力和素质。他通过与各行业人士的交流合作，建立了广泛的社会联系。然而，尽管他通过学习证券和销售知识进入了新行业，但在这个陌生的环境中，他不知道自己应该如何进一步发展。

通过朋友的介绍，陈某某联系了一家生涯咨询顾问公司。他对咨询顾问分享了自己在职业道路上的艰辛，以及为增加收入所作的努力。然而，在被问到需要哪方面的帮助时，他无法说出具体问题。于是，咨询顾问运用MBTI性格测试工具对他进行分析。结果出来后，咨询顾问肯定地告诉他："你的职业问题在于定位！"同时指出，陈某某最初进入证券行业是出于投机心态，希望在30岁之前获得高收入。然而，在经历多年摸爬滚打后，他意识到自己已经具备了知识和经验，并努力学习投资市场的知识。紧接着，咨询顾问建议陈某某通过分解职业发展目标，以稳扎稳打的态度追求更高的生活品质和社会地位。

陈某某承认自己具有温和的性格特质，善解人意。他也具备开拓进取的创造性思维方式，以及坚定的意志和奋斗精神。如果他能够利用自己良好的成就导向和人际关系，按照规划前进，将能够在证券行业中获得成功。在顾问的建议下，陈某某将自己的证券职业发展目标分解为三个阶段目标，让他利用多年来养成的良好执行力，稳步推进职业发展。

第一阶段：成为一名大客户经理（短期目标，3~5年）。他将做好客户关系维护和掌握新客户开发技巧。

第二阶段：成为一名大客户总监（中期目标，5~8年）。他将开始管理销售团队，并辅导下属成长和发展。

第三阶段：成为一名投资公司高级合伙人（长期目标，8年以上）。他将积累创业经验，并追求合伙和创业方面的突破。

在两年后，陈某某凭借出色的业绩和团队贡献，被公司提升为销售部门经理，取得了实现梦想的进一步跃迁。

思考一下

你在个人职业生涯过程中有什么样的规划？你对自己的职业性格了解吗？请分享一下你的个人规划。

课前自学

一、选拔金融产品销售人员

（一）金融产品销售人员的选拔维度和要求

金融产品销售人员在金融行业中扮演着至关重要的角色。正如项目一中“金融销售人员职业素养”分析中提到，目前银行、保险、证券、信托、私募基金以及消费金融等金融机构每年都会有大量金融产品销售人员的岗位需求。站在金融机构招聘者角度来说，选拔合适的销售人员，通常会考虑三个主要维度：资格、人格特质和行为模式以及行业经验和专业能力。

1. 资格

首先，要考虑应聘者的资格，这里指金融机构要求的条件，如学历水平、金融相关从业证书、所学专业、工作年限、语言技能、办公技能、性别偏好和外观价值等，这是迈入准入门槛的要素。根据过去的人才招聘经验，从事销售工作的人员的学历水平不应过低（最低大专起步）。学历水平间接反映了一个人的学习能力和学习意愿，对其工作能力的可塑性以及未来的可持续增长和进步有影响。特别是在一、二线城市从事银行或证券相关岗位时，学历要求更为严格（倾向于本科或以上）。如果一个人的学历略低于要求，则取决于他是否具备其他非凡的特殊能力（行业经验或能力专长）来弥补不足。其次，当资格符合要求时，便需要关注第二个条件，即人格特质和行为模式。

即学即用

请搜索了解一下，目前银行、保险、证券、信托、私募基金以及消费金融等金融机构从业证书包括哪些？有哪些门槛和报考要求？

2. 人格特质和行为模式

根据金融产品销售和服务模式的不同，销售人员所需的个性特征也会有所差异。当招聘新人时，常常会有一个有趣的现象：两个没有同一行业经验的新人同时加入，他们面临相同的工作环境、资源支持、培训和目标要求，但随后他们的行为差异开始显现，几个月后的表现差距更大，最终有可能出现一个人的表现越来越好，而另一个人可能会选择离开。这主要是因为人格特质和行为模式与工作要求不匹配。通常金融机构招聘从以下几个方面来评估销售人员的人格特质。

（1）人格特质的维度：人格特质是指一个人最自然的状态（“自我”）表现出的行为特征和交往处理方式，每个人在工作中可能表现出不同的行为方式，但特质是最根深蒂固、最固定的表现。我们希望找到与工作要求相匹配的人格特质，这样他们在工作中就会表现出最自然、最适应的状态。

（2）自信指数的维度：自信指数是指个人的自我意识和物质、精神期待水平。自信水平较高的人会追求更高的目标，认为领导对其能力评估过低，对自己会设定更高的目标；而自信水平较低的人则更容易满足已有的成就。

（3）抗压指数的维度：抗压指数是指个人承受外部环境压力的能力。抗压能力强的人可以承受长时间的加班和高强度的工作；而抗压能力较弱的人容易受到压力的影响，可能需要持续的心理咨询和缓解压力的措施。

（4）人事事项优先处理原则的维度：这是指个体在处理事务时是偏向于理性原则、感性原则，还是在人与事之间保持平衡。

（5）决策模式的维度：决策模式可以分为直观决策和事实决策两种。直观决策是基于经验和直觉作出决策，反应速度快，但可能会出现决策错误；事实决策是基于数据和事实作出决策，反应速度较慢，但决策风险相对较低。

（6）综合能力和核心竞争力维度：这涉及个人在综合能力和核心竞争力上的表现。例如，个人更喜欢在外勤与客户进一步沟通，还是更愿意留在公司从事后勤支持和文案撰写等工作。

上述这些指标是评估新金融产品销售人员适应性和发展潜力的重要因素。虽然人格特质和行为模式是难以捕捉的无形能力，但我们可以使用科学的人格评估工具来帮助我们作出准确的判断。特别是在互联网和大数据应用时代，我们能够找到更科学的评估方法来满足上述评估维度的需要。

阅读拓展

人格特质测试工具——MBTI

MBTI（Myers–Briggs Type Indicator）是一种用于评估个体性格类型的心理测试工具。它基于瑞士心理学家卡尔·荣格的人格理论，通过衡量个体对心理功能的偏好以及人际互动方式，来确定人们的性格类型。MBTI 的准确度和可靠性使其成为世界上最受认可和广泛使用的性格测试之一。

MBTI 认为每个人的性格可以归类为四个二元对立层次：倾向于外向（E）或内向（I）；倾向于感觉（S）或直觉（N）；倾向于思考（T）或情感（F）；倾向于判断（J）或知觉（P）。这四个维度共有 16 种不同的组合，每一种组合都代表了不同的职业性格。

MBTI 的使用者可以通过这些性格类型了解自己的优势、弱点和适合的职业方向。不同的性格类型在不同的职业环境中有着不同的优势。例如，倾向于外向（E）的人擅长与人交往，适合从事销售或公共关系工作；倾向于内向（I）的人则更适合从事分析性的工作，如编程或科学研究。

MBTI 还可以帮助人们更好地了解自己在团队合作中的角色和贡献。例如，倾向于思考（T）的人更注重逻辑和客观性，擅长提供冷静的分析和决策，适合担任团队的问题解决者或理论构想者；倾向于情感（F）的人则更注重他人的情感需求，擅长提供关怀和支持，适合担任团队的协调者或心理辅导师。

然而，MBTI 并不是绝对的，每个人都有他们独特的个体差异和发展潜力。尽管 MBTI 可以提供有价值的洞察力和指导，但它并不能决定一个人的职业选择，也不能限制个人在不同领域中发展的潜力。

总体而言，MBTI 在帮助个人了解自己的性格特点和优势方面发挥了重要作用。通过了解自己的 MBTI 类型，个人可以更好地选择适合自己的职业方向，并在职业发展的过程中发挥自己的优势。然而，MBTI 只是帮助个人了解自己的一种工具，个人的成功和满意度还取决于许多其他因素，如兴趣、价值观、经验和机遇。

3. 行业经验和专业能力

行业经验和专业能力是评估销售人才的第三维度。许多公司喜欢去同行直接引进人才，认为这是引进人才的最直接、最简单的方法，可以迅速提高绩效。但这些“引进人才”将面临客户资源相冲突、企业文化和工作模式不同的问题。

（二）金融产品销售人员的招聘流程和选拔工具

金融产品销售人员的招聘流程和选拔工具是金融机构在招聘销售人员时的关键步骤，旨在确保招聘到的、合适的候选人具备出色的销售技巧和良好的沟通能力，以提升销售绩效和客户满意度。一般的招聘流程包括以下几个步骤。

1. 招聘需求分析

金融机构需要明确所需销售人员的数量和岗位职责，如负责信用卡销售、财富管理产品销售的专员或者经理等。同时，确定销售人员的特定要求，如良好的口头表达能力、销售技巧和客户服务经验等。

以银行招聘为例，银行客户营销类岗位需求一般为：对私（个人）客户经理和对公客户经理。对私（个人）客户经理的工作内容包括推销理财产品、个人贷款、第三方存管、 信用卡业务等。对公客户经理主要负责推销公司业务、拉存款贷款及其他公司融资业务等。

2. 编写职位描述

编写准确的职位描述，包括具体的岗位职责和技能要求，吸引符合要求的候选人。同时，在职位描述中应该明确强调销售业绩指标和销售目标（如图 2–1 所示）。

银行客户经理

薪资：无责任底薪 3000 元 + 社保 + 高提成 + 奖金

职位要求：

1. 年龄 18~32 岁；

2. 有专门入职培训，做过金融、房地产、汽车、保险、信用卡销售等行业经验优先；

3. 诚实守信、吃苦耐劳，具有良好的团队合作意识、良好的沟通能力、人际交往及维护客户的能力。

岗位职责：

1. 根据公司产品要求，开拓符合办理条件的客户；

2. 协助客户完成办理业务，解答业务咨询服务；

3. 学习产品知识，自身专业知识要到位；

4. 公司会定期培训，前期都会有同事带。

图 2–1　银行客户经理职位描述

3. 招聘渠道选择

根据需求分析确定招聘渠道。金融机构可以通过在线招聘平台、校园招聘、社交媒体以及内部推荐等方式进行招聘。对于金融机构来说，建立专业的人才储备库也是一个重要的招聘渠道。

4. 简历筛选

对收到的简历进行筛选，关注候选人的教育背景、工作经验、销售能力和沟通能力等与岗位要求相关的内容。可以通过关键词匹配、工具筛选和人工筛选相结合的方式进行。

5. 销售能力测试（笔试 + 面试）

针对金融产品销售人员的特定职能，进行销售能力测试。测试内容可以包括产品销售情景模拟、销售演讲、销售案例分析等，以评估候选人的实际销售能力。常见的银行考试中的笔试内容包括以下几点。

（1）通用就业能力测评（EPI）：该测评产品用于评估考生的基本就业素质，并通过对考试者的言语、数字、推理等基本能力的考查来预测其未来的工作绩效。包括言语理解与表达、数学运算、思维策略、逻辑推理、资料分析、知觉速度以及工作记忆。

（2）英语：考试内容类似于托业（TOEIC），托业考试的试题收集自全球在工作环境中使用英语的国家，从口语和书面语的样本中开发而来。内容涵盖了广泛的日常商务活动。

（3）综合能力测试：各大银行的综合能力测试考试内容各有不同，但主要包括时事政治、招聘银行常识、金融（金融学和商业银行）、经济学、会计（包括财务管理）、法律、管理学（包括市场营销）、计算机网络常识以及常识判断等。

（4）性格测试及认知能力测试：该部分考查的内容通常采用 Saville Consulting Wave 测评（个性和职场行为风格测评）。Saville Consulting Wave 是由著名测评内容提供商 Saville Consulting UK Ltd. 开发的个性测评产品，可以全面评估个体在性格、才能、动机、胜任力特征、企业文化和环境适应等方面的特点和倾向，以预测个体的职场行为风格。

通过笔试的候选人进行下一步面试评估。目前，大多数金融机构采取两轮面试的形式，但也可能出现一面定终身、三轮面试甚至四轮面试的情况。面试的形式主要分为无领导小组面试和半结构化面试两大类形式，此外还有一些衍生形式，如辩论赛和角色扮演。面试的目的是考查报考者的语言表达能力、沟通能力以及应急应变能力等关键能力，可视为整个考试中最重要、最关键的环节。

6. 背景调查

对候选人进行背景调查，核实其提供的推荐人、工作经历和教育背景等信息。背景调查有助于了解候选人的信用记录和工作表现。这是一种评估候选人真实性的重要工具，可以补充选拔过程中缺失的信息，以确保候选人提供的资料的准确性和可靠性。

背景调查对于某些特定岗位尤为重要。例如，与金融机构资金管理或者商业秘密有关的职位，如会计、出纳和投资等。出于资金安全的考虑，企业通常会对这些岗位的人员进行背景调查，以了解候选人的工作能力、犯罪记录和诚信状况。因为核心技术秘密对于企业的生存和竞争优势至关重要。此外，对于一些金融机构的中高层管理职位，在猎头招聘过程中背景调查也是必不可少的，可以帮助企业了解候选人的过往履历和人际关系，以确保招聘合适的人员担任这些关键职位。

在背景调查过程中，通常包括个人信息的核实，如身份证明和联系方式等。学历信息的核实是为了验证候选人的教育背景，包括学历证书和毕业证明。工作履历的核实旨在确认候选人过去的工作经历和职责，以确保准确性和一致性。金融征信调查能够提供候选人的信用情况，了解其在金融方面的状况。人际关系的核实可以帮助企业了解候选人的社交圈子和人际交往能力。

7. 最终录用决策

根据面试评估、销售能力测试和背景调查等信息，综合评估候选人的综合素质，作出最终的录用决策。

综上所述，金融产品销售人员招聘流程应该包括需求分析、职位描述、招聘渠道选择、简历筛选、销售能力测试（笔试＋面试）、背景调查和最终录用决策。针对这类岗位，选拔工具应注重评估候选人的个人特质、销售能力、组织能力和团队合作能力等关键因素。通过合理运用招聘流程和选拔工具，金融机构可以筛选出适合的销售人员，为销售业绩和客户满意度的提升提供有力支持。

二、组建高效的金融产品销售团队

（一）团队建设及其重要性

销售团队对于企业的发展至关重要。然而，当今许多企业没有意识到销售团队的价值，导致无法拥有稳固且持久的市场地位，无法实现正向现金流，甚至可能带来更多悲剧性的结果。值得注意的是，如今的市场竞争已经远远超过了单一产品或同行业间的竞争，变得复杂而多变，往往超出我们的认知范围。

在产业生态面前，任何单一模式都显得苍白无力、弱不禁风。因此，企业需要对整个行业有深刻的理解和布局，而不仅仅关注谁是优胜者。资金、流量、品牌和强大的销售能力的联合体可能成为未来可怕的竞争力量。

正如医疗行业未来的竞争可能不再局限于疾病治疗领域，而是来自预防疾病领域。如果医院不调整模式，有可能被新型的康养中心取代。同理可知，金融销售未来的竞争也将不再仅限于传统的销售方式，如银行柜台业务、银行推销员和电话销售等，而是转向先进的“金融+科技赋能”，推动数字化转型，提高销售效率和客户体验。同时，金融机构还会更注重个性化服务，通过团队深度挖掘客户需求，提供定制化的产品和解决方案。此外，金融销售团队应该跨界纳入科技公司和创新型企业成员，共同探索新的销售模式和渠道，实现技术创新和数字化转型。

这种趋势看起来似乎与金融销售团队的建设没有直接关联，但实际上却因为市场瞬息万变，需要复合型的销售团队来应对这些变化，就像国家需要强大的国防力量一样。复合型销售团队建立了触达各个局部市场的情报系统，帮助企业及时了解市场动态。销售团队还能感知和迅速应对新兴竞争对手，确保企业在局部市场的领先地位。此外，销售团队还承担着线下服务，建立客户联盟，增加市场黏度。

阅读拓展

平安银行团队观：复合与包容型团队驱动银行销售转型

2018年4月16日，以“凝聚，更懂你”为主题的平安银行零售团队发布会在深圳举行，会上平安银行首次对外发布以“专业力、科技力、跨界力”结合为基础的复合型领导人才和包容型专业团队能力体系与以“选才、育才、用才、励才、暖才”为核心内容的用人策略。发布会同时公布了包含互联网产品总监、大数据技术总监、风险总监、客群策略专家、技术总监等在内的零售人才黄金席位招募计划，面向全球优秀人才发出邀约。

平安银行将在“创造使命、推动敏捷、拥抱不确定”等方面进一步提升，推进生态圈建设，让“金融+科技”的优秀团队拥有更广阔的成长空间，使优秀人才成为平安银行智能零售转型的引领者。

零售转型要发展“金融+科技”，平安银行负责人蔡新发提出了团队需要拥有复合型领导人才的“ABCD”思维与技能。“A”即Across，指跨界能力，跨金融与科技、跨地域及产品的知识和学习能力；“B”即Business model，指商业战略思维以及结构化思维；“C”即Customer experience，指以客户为中心的思维；

“D”即 Data，即数据化思维。

同时，他还提出了包容型专业团队成员所具有的“专”和“通”的特质。简单而言，“专”即无论是科技人才还是金融人才，都在本专业上有深厚的积淀，并推动相应领域的创新；“通”即包容开放的心态，理解彼此的思维习惯，科技人懂金融基本知识，金融人有互联网思维。

因此，金融机构要做好三件事：一是创造使命，向互联网企业靠拢，将员工的个人价值实现与企业战略目标相结合；二是推动敏捷，实行类互联网式扁平管理，并针对关键业务组建跨职能敏捷小组；三是拥抱不确定性，搭建创新机制，在确保合规风控的基础上，鼓励表达、允许突破、不怕犯错，形成内部创业孵化的氛围。

当下，用人策略已经成为提升企业能力、实现企业持续成功的关键要素。平安银行已经形成了有效的“选才、育才、用才、励才、暖才”机制，搭建了完善的零售人才战略体系。比如：在“选才”方面，平安银行运用以绩效、能力和潜质为导向的“三维人才地图”（见图 2–2），全视角选拔人才；在“育才”方面，采取线上线下相结合的全覆盖培训体系，为人才赋能；在“用才”方面，建立多样化的职位体系，打通职业通道，搭建人才发展系统，定制管理工具，帮助人才“破茧而出”；在“励才”方面，导入“追求领先、危机意识、简单务实、开放包容”的企业文化和绩效文化，为人才提供发展平台；在“暖才”方面，引入“科技 + 思维”，突出个性化，做真正暖心的员工关怀。

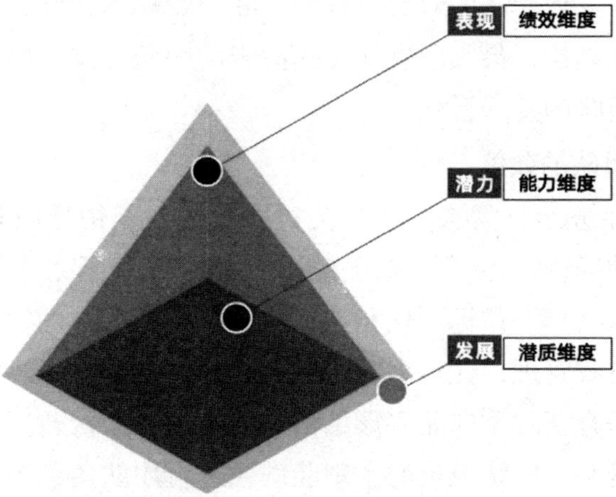

图 2–2　三维人才地图

深度思考

根据上述平安银行对“复合型领导人才与包容型专业团队”的筛选，思考一下，金融产品销售需要打造什么样的人员配置才能真正体现出复合型团队的完整性？

（二）组建高绩效金融行业销售团队

1. 明确团队成员的职责和定位

以金融行业的银行产品销售为例，应根据地区经济实际情况确定合理的客户数量和规模，优化客户经理和产品经理的团队比例。一般而言，人员编制不能低于全行 15% 的定编（常以“合同 + 外包”的组合形式）。不同的分行可以采取矩阵式营销方法，制订团队内的职责范围，不断提升客户经理和产品经理的营销水平和素质水平。此外，分行还应在存量客户数和维护客户数的基础上制订基本工资和绩效考核，并以新增客户、产品创新数量和质量为考核依据。

2. 完善团队内的互动体系

通过加强金融产品营销团队中客户经理和产品经理之间的互动，发挥积极向上的作用。首先，完善团队的组织与管理职能，提高团队的协作稳定性，明确客户经理和产品经理的分工，双方协调合作，发挥正向力量。其次，产品经理的主要工作应集中在金融产品的创新发展上，全面拓宽期货公司投资、国际业务、对公理财等新方向，发挥产品的效益。最后，客户经理的管理工作应加强，结合具体地域环境和金融结构，最大限度地发挥有限的团队资源，培养有潜力、回报率高的客户，实现团队的发展目标。

3. 充分发挥团队的效能

根据相应的业务运行需求，将相关权限真正赋予销售团队。这样做不仅可以有效解决关注的问题，还可以成功实施解决方案，确保相关工作结果的责任得到承担，实现信息共享、目标同化和工作协同等方面的协调发展。团队能够真正实现自我约束和自我管理，让每个团队成员承担相应的责任。因此，团队的主要架构方式应该从垂直管理型向品字形结构转变。这种架构转变并不是让团队领导者失去权威，而是基于团队成员的主观能动性进行团队角色的有效认定。具体而言，通过发现和定位成员的相应角色，形成决策型、技术型和问题解决型的品字形成员架构，最终实现团队专业化转变。

阅读拓展

四种常见团队类型

（1）问题解决型团队是一个组织成员就如何解决问题和改进工作程序进行交流和提建议的团队。他们专注于提高产量、提高生产效率和改善工作环境。团队成员会相互交流，提出改进工作程序和方法的建议。

（2）自我管理型团队通常由10~16人组成，承担着类似上司的责任。他们能够控制工作节奏、决定工作任务的分配，并安排工间休息。

（3）多功能型团队是一种有效的团队管理方式，能够促进来自不同领域员工之间的信息交流、创新观点的产生以及解决复杂项目的协调。

（4）虚拟型团队是一个由分散在不同地点但通过远程通信技术在一起工作的团队。成员可以分布在不同的城市，甚至跨国。工作时间可以有所重叠，而联系主要依靠现代通信技术。虚拟团队完成共同的目标和任务（如图2–3所示）。

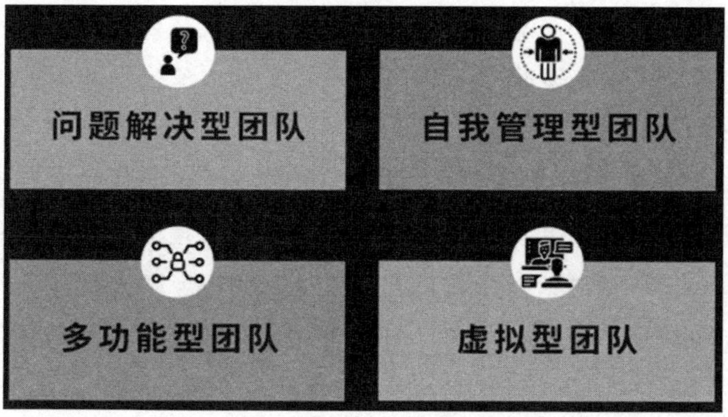

图2–3　四种常见团队类型

4. 发挥绩效考核的激励作用

发挥绩效考核的激励作用，提高营销团队的工作主动性和积极性，对推动金融销售工作具有重要意义。遵循“收益覆盖成本”的原则，综合考虑信贷产品数量、收入、成本费用等因素，实现统筹优化。此外，绩效考核工作应重点关注“两条线”。

一方面，以产品线为主，注意划分传统类别或创新类别的产品，判断产品是否依赖原有客户或资产，是否与市场营销需求相吻合，同时评估努力程度和竞争程度。

另一方面，以资源线为主，确保在金融机构掌握足够资源的前提下，合理确定团队的激励费用，以鼓励业务的可持续发展，实现对公业务与其他业务、前中后台的平等关系。通过合理优化营销团队的资源配置，可以将部分业务发展规划和业务经费下放到二级分行，以提振士气，实现整体协调发展。

案例研读

平安人寿：绩效管理与团队培养相辅相成

中国平安人寿保险股份有限公司（以下简称“平安人寿”）共设有35家分公司，超过2000个营业网点，服务网络遍布全国。其核心理念是“专业价值”。为了实现“综合金融、国际领先”的企业目标，平安人寿将专业打造作为一切行动的基础。在实施中国平安集团的绩效管理和团队发展理念方面，人力资源部门扮演着核心角色。平安人寿通过贯彻“竞争、激励、淘汰”三大机制，有效推动企业打造专业的人才团队。

具体而言，平安人寿首先是将绩效管理的前端设定为战略分解和职位描述，确立了绩效改进的目标。其次是通常意义上的绩效管理流程，分为绩效计划的制订、执行与辅导、考核评估与反馈以及结果运用四个步骤。其中，绩效考核结果在各个人力资源模块中的有效应用，有助于起到激活绩效管理的效果，最终体现“竞争、激励、淘汰”的三大机制。

第一步：绩效发展计划的制订

制订绩效发展计划个人绩效目标主要依托组织的战略目标和年度计划。每年初制订工作计划时，员工不仅要制订本年度的工作目标和计划，还要根据直线主管对其上年度能力不足的评估和未来的提升期望，制订可实施和可衡量的个人发展计划。员工的个人发展计划主要通过个人能力短板分析，在与直线主管的共同商定下制订学习建议，如参加公司面授培训、个人自主网络课程学习、直线主管指定的特殊工作任务等，不断磨砺和提升员工自身的能力与素质。

第二步：计划执行效果检视与辅导

计划执行效果检视与辅导是直线主管日常管理的基础性工作。在平安人寿，直线主管要求对下属的每次反馈都要“言之有物”，切忌空谈，目的是让员工通过反馈了解自己的进展，明确提升的空间和方向。同时，直线主管会不断调整和完善辅导计划，以确保对员工的辅导是有针对性。每年，直线主管要进行12次正式反馈，包括10个月的月度反馈和2次年中、年底反馈。每次面谈和书面反馈都能帮助员工梳理高绩效岗位的标准，了解自身现状和差距。更重要的是，反馈面谈不仅要让员工了解差距，还要为他们提供缩短差距的工具和方法。直线主管已成为员工发展和成长的重要资源。员工了解绩效差距后，如何通过培训等方式激发高绩效行为？平安人寿采用分层级的人才培养理念，根据员工的岗位类别，通过有针对性的资源投放来提升员工的关键能力，从而提升绩效。

多年来，通过建立和持续推进培训体系，平安人寿已经形成了清晰的课程体系，包括百余门面授课程和百余门网络课程，涵盖管理技能、职业通用技能和专业技能等。这些丰富的培训资源有效提升了员工的自我发展动力，也为直线主管提供了全面的人才培养资源。此外，平安人寿在人才培养中倡导“721”的理念，加大“项目锻炼”和“辅导”在员工技能培养中的比重。例如，在高级主管培养项目中，平安人寿更注重员工知识结构的系统性、思维能力的体系化，以及归纳分析能力和战略规划能力的锻炼和培养。设计这个培养项目时，平安人寿采用了高管辅导、集中培训和特设工作项目相结合的方法，通过完成与业务需求相关的课题研究来帮助参训者提升综合系统分析问题和解决问题的能力，并加强解决问题的思考深度和科学性。这些能力的快速提升通常难以通过日常工作快速掌握，但对绩效提升有较大影响。在员工指导方面，平安人寿建立了新员工导师制度和潜力干部导师制度。

第三步：绩效考核评估与反馈

在平安人寿，年中和年底的阶段性绩效考核评估和反馈环节不仅针对员工的KPI和关键工作进行评估和反馈，也会对员工的个人发展计划进行评估和反馈。例如，这些评估和反馈要总结员工能力有待提升的方面，评估学习计划的执行情况，直线主管会根据员工发展现状对下个阶段提出进一步的期望，并与员工商定提升计划。在整个反馈过程中，非常强调直线主管和员工对现状和下一发展计划达成的共识程度。评估和反馈环节是人才培养流程中的重要环节，可以让员工更加明确地了解绩效差距、激发发展动力，明确提升方向。

第四步：绩效考核结果运用

员工的绩效考核结果最终会体现在薪酬、晋升、培训等方面，最大限度体现员工培养和发展的效果。一方面，高绩效员工会获得更多的加薪、晋升和培训机会和资源；另一方面，对实现达绩效目标的员工也会进行相应的人力资源管理与运用。例如，对于低绩效人员，将制订绩效改进方案，通过全面分析了解低绩效行为的原因，安排相关培训和辅导，协助改善绩效，提升业绩水平。绩效结果不仅是员工使用公司培训资源、提升技能的重要参考因素，也是激励低绩效员工追求高绩效的动力。

思考一下

请思考作为学生的你，是否也有具体的绩效考核？这些绩效考核是如何设定的？请结合你自身的个人情况说说看（从生活、专业学习、课外拓展、劳动教育等方面展开）。

三、培训金融产品销售人员

金融销售人员培训是企业销售团队形成战斗力的重要一环，他们的工作直接影响着企业的销售业绩和利润。因此，为他们提供高效的培训课程是企业必不可少的一项任务。在设计培训内容时应从以下三个方面展开。

（一）销售基础课程

销售基础课程是销售人员必须掌握的基本知识和技能，主要包括以下内容。

（1）销售理论知识：讲解销售的基本概念、销售的流程和销售技巧等。

（2）金融产品知识：介绍金融产品的特点、优势、价格等信息，帮助销售人员更好地了解和推销产品。

（3）客户心理学：讲解客户的心理需求和行为特点，帮助销售人员更好地了解客户需求，提高销售成功率。

（二）销售沟通能力课程

销售人员需要具备良好的沟通能力，才能与客户建立良好的关系，提高销售额和客户满意度。销售沟通能力课程主要包括以下内容。

（1）口头表达能力：训练销售人员的口头表达能力，包括语言表达能力、声音语调、肢体语言等方面。

（2）听取能力：训练销售人员的听取能力，包括理解客户对金融产品的需求、识别客户情绪等方面。

（3）问问题能力：训练销售人员的问问题能力，包括提问技巧、提问方式等方面，以更好地了解客户需求。

（三）销售实战课程

销售实战课程是销售人员锻炼和提升销售技能的重要环节，主要包括以下内容。

（1）销售技能实战：通过角色扮演、模拟销售等方式，让销售人员在实战中掌握销售技能。

（2）销售案例分享：邀请成功的销售人员分享销售经验和案例，提高销售人员的各种能力。

（3）销售团队协作：鼓励销售人员在团队中协作，互相学习和提高。

金融销售人员培训课程体系是金融机构提升销售业绩和利润的重要手段。完善的课程体系可以帮助销售人员掌握销售基础知识和技能，提高沟通能力，实践和锻炼销售技能，提高销售业绩客户满意度。企业应积极落实销售人员培训计划，不断提升销售人员的素质和能力，以适应市场竞争的激烈环境。

金融思政

友邦保险：高素质营销，服务客户好生活

我国的健康保险市场前景广阔。相关数据显示，中国商业健康保险市场规模从2016年的4042亿元增至2021年的8804亿元，年复合增长率为16.85%。商业健康保险市场百花齐放，险企推出了适用于不同人群、多种类的健康险产品。

友邦保险控股有限公司（以下简称友邦保险）始终坚持“以客户为中心”的理念，通过专业、丰富的保险产品和生态圈服务凸显差异化，切实满足客户日益

多元的需求，赢得客户信赖和市场认可。为了长期陪伴客户，友邦保险始终坚持卓越营销员革新，培养了一批又一批营销员成为客户的健康及财富管理伙伴，赋能他们成为保险企业家，致力于把友邦保险打造成新人最容易成功的平台。

友邦保险于 1993 年率先引入营销会员制度，将现代商业保险理念和制度引入内地寿险市场。在卓越营销员 1.0 策略基础上，友邦保险于 2010 年推出了卓越营销员 2.0 策略，重新定义营销员渠道的成功标准。友邦保险在营销员队伍和营销管理团队上加大投入，打造“职业化、专业化、信息化、标准化”的“四化”营销员队伍，为中国保险行业的发展提供新的原动力。

2022 年 3 月，友邦保险卓越营销员策略升级，通过系列举措为营销员提供全方位的发展支持，从而实现渠道优质增员后的稳步增长。友邦保险始终以客户需求为目标，通过大数据的精准把控、专业化的培训、精细化的管理，为客户提供优质可信赖的服务。

如今的友邦保险已形成一套领先行业的营销员渠道建设的理论和实践体系，涵盖优增系统、新人发展系统、主管培育系统、总监经营系统等，能够在增员、培训、晋级等各个环节充分帮助渠道人才的高质量发展。未来，友邦保险将怀揣感恩之心，聚焦卓越营销员 3.0 策略，为行业高质量发展作出更多的贡献，为客户的长久健康美好生活添一份力量。

思考一下

友邦保险的营销团队精神是如何体现的？团队之间是如何协同的？

知识点测试

（一）选择题

1. 金融产品销售人员选拔维度不包括（　）。

A. 资格　B. 人格特质和行为模式　C. 有价证券　D. 行业经验和专业能力

2. 常见的银行考试中的笔试内容不包括（　）。

A. 通用就业能力测评（EPI）　B. 实操评估　C. 英语　D. 综合能力测试

3. 常见团队类型包括（　）。

A. 问题决型团队　B. 自我管理型团队

C. 孵化型团队　D. 多功能型团队

4. 三维人才地图强调选才从（　）三个维度。

A. 悟性　B. 绩效　C. 能力　D. 潜质

（二）简答题

1. MBTI 这一人格特质测试工具对职业测试的作用体现在哪些方面？

2. 简述金融产品销售人员招聘流程。

3. 金融销售人员培训应该如何设计培训内容？

课中实训

实训一：选拔合格的金融产品销售人员

实训目标：

学生能通过MBTI人格特质测试工具，对自己个人特质评估有个基本认知，帮助学生了解自己，判断自己在团队中适合担任的主要角色。

任务描述：

选拔合格的销售人员需要合适的评估工具。因此，借助人格特质测试工具对自己进行自我评估，适合在今后工作中找到合适的就业定位，提早部署。

任务要求：

以个人为单位，用微信或其他小程序软件搜索“MBTI”，进行个人人格特质测试。要求在测试过程中秉持着对自己未来发展的心态进行认真评估，最后将结果填写在表2–1中。

表2–1 MBTI

实训二：培训金融产品销售人员

实训目标：

学生能进一步根据自身人格特质，挖掘合适的销售人员培训课程，对自身性格特性的短板进行有意识的补足。

任务描述：

金融销售人员培训是企业销售团队形成战斗力的重要一环。因此，结合个人MBTI的测试结果分析总结自己的短板，然后收集一些合适的销售培训课程，提升自我认知及能力。

任务要求：

以个人为单位，根据“实训一”的结果，总结自己作为金融产品销售人员的优势和短板。通过互联搜索寻找在线培训课程体系，将金融销售基础课程、销售沟通能力课程以及销售实战课程三个方面的相关课程进行整合，设计一套适合自己的培训课程体系，补充短板，然后与大家分享学习效果，最后将任务的成果填写在表2-2中。

表2-2 设计培训课程体系

课后提升

案例研读

招商银行上海分行：专营团队＋创新服务，与证券客户共成长

招商银行上海分行证券销售团队取得亮眼业绩，截至2021年一季度末，该团队已服务133家券商及子公司，为其表内外融资提供支持，客户管理三方资金超300亿元。招商银行上海分行在提供专业综合金融服务方面取得了重要突破。

为了应对合作过程中的松散化问题，招商银行上海分行成立了专营服务证券客户的团队。该团队根据证券公司的需求提供资金结算、授信服务以及投融资、产品托管、财富代销、交易清算等领域的合作。通过专营服务，团队解决了银证合作中的合作难题，使客户可以一站式享受招商银行全面、综合化的服务。

该团队依靠丰富的一线经验，理解客户需求背后的本质，进而提供创新的服务方案。例如，该团队与东方财富证券合作，针对其特殊业务结构提供了合适的解决方案。招商银行上海分行与东方财富证券的合作不断发展，相互促进共同成长。同时，招商银行上海分行凭借内部开放融合的机制，通过各个产品部门的专业支持，向券商客户提供更全面的服务。

招商银行旗帜鲜明地提出打造大财富管理价值循环链，招商银行上海分行也积极参与其中。该团队通过与券商投行合作，提供投商行一体化的金融解决方案，包括IPO战略配售、定增、可转债、员工股权激励、并购重组等领域的合作；并与头部券商建立了常态化的沟通工作组，以迅速跟进业务机会。该团队将继续推动招商银行与券商间的联动合作，为客户提供更加专业、创新的服务。

思考一下

该团队是如何实现银行和券商之间深度联动合作的？

知识梳理与归纳：（请绘制本项目的思维导图）

思考总结与心得分享：

项目三

制订金融产品销售目标和计划

知识目标

· 了解金融产品销售目标设计的重要性。
· 了解金融产品销售目标的管理步骤。

能力目标

· 能够为销售团队寻找目标感。
· 能够进行全面目标管理。

素养目标

· 树立正确的、向上的奋进方向感。
· 培养销售人员的职业素养和道德。

思政育人目标

· 树立严谨的工作精神。

引导案例

新手销售的自我反思

在一个保险公司新员工培训会上，受训学生向导师提问："老师，我想在一年内赚100万元！请问如何计划实现这个目标呢？"

培训导师随即回答："你相信自己能达成吗？"

学生回答："我相信！"

导师继续问道："那你认为通过什么办法实现这个目标呢？"

学生回答："我会好好销售我们公司的投资型保险产品，它的佣金和提成很高，我很满意。"

导师接着问学生："你觉得，为了达到你的目标，你需要付出多大的努力？根据我们的提成比例，100万元的佣金大约需要创造300万元的业绩。一年时间需要创造300万元的业绩，一个月需要创造25万元的业绩，每天的目标是8300元的业绩。"

导师继续问道："每天8300元的业绩，你要接触多少个潜在客户呢？"

学生回答："大概要50个人。"

导师继续说："那么每天需要拜访50个人，一个月需要拜访1500人；一年呢？就需要拜访18000个客户。"

这时，导师再问学生："思考一下你身边是否有可能拥有18000个潜在客户？"

学生回答说没有。

导师接着补充道："如果没有的话，那你就要进行陌生拜访了。请问你平均与一个人交谈要多长时间？"

学生回答："大约需要20分钟。"

导师实话实说："每个人花20分钟进行交谈，一天需要拜访50个人，也就是说你每天需要花费16多小时与客户交谈，这还不包括路途时间。请问你能够做到吗？"

学生回答："无法做到。老师，我明白了。目标不能凭空想象，而是需要有一个可行的计划来支持。”

点评一下

目标不是孤立存在的，目标是与计划相辅相成的。目标指导计划，计划的有效性影响着目标的达成。所以在执行目标的时候，要考虑清楚自己的行动计划是否具有可行性，怎么做才能更有效地完成目标，否则，目标定得越高，达成的效果越差。

课前自学

一、赋予金融销售工作“目标感”

金融销售团队搭建完毕后，团队的目标感的树立就成为关键。如果销售人员在日常工作中缺乏计划能力，就会困惑自己应该如何有效地安排工作时间，也不知道如何确保自己能够达成每月的销售指标。即使团队领导者将目标下达给销售人员，也无法准确评估对方是否能够内化和高度重视这些目标。这种缺乏目标感对于个人的发展和团队的整体效能都带来了负面影响。

（一）目标与目标感的定义

目标是个人或团体希望达到的标准，可以是有形物体的获取或无形价值的获取，如业绩、地位、荣誉、心境、奖金等。而目标感则是在重视目标的前提下，围绕目标达成所表现出来的一种态度，并通过具体行为展现出对这种态度的强度。

设置目标是销售管理者的常规工作之一，但往往面临一个困境，那就是给对方目标并不代表对方拥有目标感。就比如管理者给团队成员一张藏宝图，明确标注了宝藏的位置，但到月底检查时发现他们并没有找到宝藏。 这可能是因为销售人员丢失了藏宝图、遇到困难放弃、对其他事物更感兴趣，或者甚至从未收到藏宝图。

（二）目标与目标感的重要性

金融销售团队一旦拥有强烈的目标感，工作的态度将会呈现追逐感。比如，销售人员每天都关注目标的完成进度，每天的会议都是关于已完成的百分比和明天必须完成的任务。即使没有新数据，销售人员也会从老数据中挖掘出新的销售机会；即使要请假，他们也会确保业绩达标后才放心离开。

因此，销售人员的目标感的重要性体现在以下两个方面。

一方面，目标感可以激励销售人员追求更高的销售业绩和成就。当销售人员有明确的目标时，他们会更有动力去努力工作，不断追求突破和进步，将个人和团队的目标统一。另一方面，目标感有助于销售人员保持积极的心态去应对挑战。在面对竞争激烈的市场环境和压力时，销售人员的目标感可以成为他们克服困难和坚持不懈的动力来源，从而使他们在销售过程中保持积极的思维和态度。

另外，目标感也有助于销售人员确定工作重点并制订有效的销售策略。清晰的目标可以帮助销售人员更好地理解客户需求和市场趋势，准确判断销售机会，并采取相应的销售策略和行动计划。

因此，销售管理者的目标并不等同于销售人员的目标。目标设置只是其中一步，重要的是让销售人员真正内化该目标，产生充分且强烈的目标感。这意味着需要调动销售人员的内驱力，让他们真正拥有目标的所有权。

即学即用

请反思一下，你是一个有目标感的人吗？进入大学前，你是否给自己设定了适宜的目标？至今实现了吗？请展开说说。

（三）培养销售人员目标感的方法

要培养销售人员的目标感，调动他们的内驱力，有以下关键步骤需要考虑和了解。

（1）了解和满足员工的需求：了解员工的需求是激发他们内在动力的关键。如同钓鱼一般，垂钓者在钩上放鱼饵是为了吸引鱼儿上钩。同样的道理，团队管理者也需要了解员工最需要什么，是为了挣更多的钱改善生活，还是寻求工作中的重要性和成就感，或者增加经验和能力等。了解员工的需求并满足这些需求，可以激发他们更强烈的内在动力，并持续发挥能量。

（2）关注结果，更关注过程：很多管理者只关注结果，而并不在意过程。然而，过程管理同样重要。如果仅仅关注结果，员工可能会采取不恰当的手段去达到目标，甚至会遇到与工作起冲突的问题。因此，管理者应该关注以下几点：了解员工将如何完成任务，关注项目和任务的进展情况，及时解决问题，以及协调其他部门和人员的配合等。关注过程可以让员工感受到管理者的重视和关心，从而激发内驱力。

（3）关注行为，也关注动机：团队的状态对结果有很大的影响，好的状态能够激发员工强大的动力。团队的状态是由具体行为产生的，尽管这些行为与结果直接相关性不大。因此，管理者应该关注和鼓励对组织有利的行为和动机，以促进这样的行为重复发生。例如，员工的准时到岗、及时反馈工作进展、承诺的兑现等行为背后都反映了员工的动机和心智模式。通过关注和鼓励这些行为和动机，可以形成持久的内驱力。

（4）使团队使命、愿景和目标激动人心：让公司的使命、愿景和目标激动人心是激发员工内在动力的关键。团队成员需要明白他们的工作对公司的发展和目标的实现有什么样的影响和意义。举个例子，某社区电商公司的愿景是将安全、优质的食品带到社区，以美味分享连接邻里，建设有温度的未来社区。这样的愿景描述让公司的电商人充满了动力。他们可以通过助农、提供优质食品、促进社区互动等实现这一愿景。这样的愿景和目标能让员工感到兴奋，并激发他们的内驱力。

（5）从小胜利开始，持续不断制造满足感：内驱力的形成需要从兴趣和专注开始，而外部激励通常只是一种初步的驱动力。为了让团队和员工对工作产生兴趣并持续专注，可以从小胜利开始制造员工的满足感，进而促使成就感的产生，形成内驱力。举个例子，一个保险销售团队的目标是在 3 个月内完成 2000 万元的销售额，但团队对此充满怀疑并缺乏信心。然而，通过制订具体的行动计划，并实现了很多的小目标和里程碑，团队逐渐获得了信心和成就感。这些小胜利让团队充满动力，并最终实现了原本认为不可能完成的销售目标。

通过了解和满足员工的需求、关注过程、关注行为和动机、让使命和愿景激动人心，以及制造小胜利来持续满足员工，可以激发员工更强烈的内在动力，从而帮助销售团队达成目标。

（四）内驱力激励工具——双因素理论

在企业的生产经营和管理中，最大限度地提升员工内驱力是企业获得竞争优势的法宝。只有员工认同企业的核心价值观、经营理念、管理方式和薪资待遇，才会有归属感，才会将自己的才能充分发挥出来，更好地为公司效力。

美国管理学家弗雷德里克·赫茨伯格通过大量的调查问卷和数据分析，总结出了双因素理论，即从心理和管理两个层面进行双重激励。他于1959年出版了《工作中的激励因素》一书，正式提出了双因素激励理论。1966年他在《工作与人性》一书中从心理学角度对双因素理论进行了理论探讨和阐发。

双因素理论的由来：赫茨伯格和他的助手们深入匹兹堡地区11家不同行业的企业和机构，对200多名工程师和会计师进行了问卷调查和面对面的随机访问。通过总结，他发现人类在工作中有两类不同性质的需要：一类是作为动物本能要求避开或免除痛苦的需要；另一类是作为人类要求在精神上不断成长和发展的需要。

赫茨伯格从1844个案例中发现，员工的不满主要是由于公司的政策、行政管理、监督、工作条件、薪水、地位、安全以及各种人事关系的处理等不善。这些因素如果处理不好，往往会导致员工产生烦躁情绪，进而引发消极怠工甚至罢工等不理智行为。另外，从1753个案例中，他发现员工感到满意的因素主要是工作富有成就感、工作本身具有挑战性、工作的成绩能够得到社会的认可、职务上有责任感以及个人职业上能够得到发展和成长等。只要满足了这些因素，就可以大大激励员工的积极性，提高员工的工作效率。

同时，赫茨伯格还认为，如果把一些激励因素变成保健因素（如发放福利、奖金等物质奖励，发放纪念品等）或者任意扩大保健因素，就会降低员工的内在满足感，引起内部动机的萎缩，从而导致员工个人工作积极性降低。这与人的内在心理需求和欲望有关，因而，要正确处理两个因素之间的关系。对于保健因素和激励因素，赫茨伯格认为两者之间存在“平等因素”和“公平因素”的区别。工作中那些共同享有的、需要共同面对或承受的属于平等因素，而那些根据工作实绩分层次、分等级享有的则属于公平因素。例如，对于销售人员的工资薪金，可以采用“基本工资 + 提成”的模式，基本工资属于保健因素（平等因素），提成属于激励因素（公平因素）。

图 3-1 双因素理论

那么，根据上述分析，围绕如何提升销售人员的内驱力，可以从以下两个方面进行改进。

（1）直接满足，又称“职责内的满足”，指的是员工在工作过程中（工作内容、人际关系处理）得到的满足。这要求工作本身必须能使员工学到新知识、新技术，产生兴趣和热情，从而使员工具有光荣感、责任心和成就感，也包括上面所说的归属感。企业在管理中可以实行资格加薪制（考试）、开展联谊活动或各类比赛等。

（2）间接满足，又称“职责以外的满足”，指的是员工在工作之后获得的满足（如晋升、授衔、嘉奖或物质报酬和福利等）。这种满足有时候不是员工通过简单的努力就可以获得的，因而不容易实现。因此，企业需要实行合理的晋升或奖励机制，层级之间应有一个合理的梯度，这样才能提高员工的进取心，进而提升工作效率。如果晋升制度不明确或不合理，会使员工看不到升职的希望而产生消极怠工，从而给企业造成人力资源浪费。

总的来说，应用双因素理论驱动员工时，要综合考虑企业或单位实力、部门利益和员工的工作实绩等，否则会因为不公平而引起员工的不满，会适得其反。

思考一下

在招聘网站上浏览并思考一下，金融产品销售相关岗位是如何应用双因素理论设置相关待遇的？哪些待遇属于保健因素？哪些待遇属于激励因素？

二、全面进行目标管理

目标管理是在树立“目标感”后销售人员通过设定、追踪和评估目标，来实现销售团队的预期业绩。然而，仅仅有目标感还不够，销售人员经常出现以下四种错误，导致无法实现目标。

（1）目标分散：销售人员不清楚自己过去、现在和将来的客户能够带来的业绩。

（2）职责混乱且缺乏定位：销售人员不知道自己的角色是什么，也不知道应该承担什么责任。

（3）缺乏系统规划：这会导致在执行目标的过程中，没有明确轻重缓急的顺序，甚至把次要的事情放在了首要位置。因此，工作会变得杂乱无序。

（4）虎头蛇尾：在刚开始执行过程时，销售人员充满动力和意愿，但随着目标执行的深入，后期动力逐渐减弱。

因此，针对上述问题，要想实现销售目标，首先需要确保公司整体战略进行宣导。只有销售人员对战略目标有了认识并且进行合理规划才有可能实现销售目标。要对团队进行全面深入的目标管理，整个过程可分为以下五个步骤。

（一）定目标

团队管理者首先要确定销售团队的整体目标，以及每个小组和个人的具体目标。根据当前形势和实际情况，将目标分解为小目标，使整体目标变得容易实现。然后逐一攻破这些小目标，使之逐渐接近大目标。目标制订不是简单的数学运算，而是需要符合规范性要求。因此，销售人员在制订目标时必须遵循以下四大原则。

（1）量化且明确：目标需要具体到具体的数字，并进行量化。

（2）可实施性：制订的目标必须是可以实现的，并具体到季度、月度、周度甚至每日。

（3）可预测性：目标应具有可预测性，能够预知现有客户的状况，甚至包括未来开发新客户的情况和行业竞争分析。

（4）时间性：对每个具体的规划都要设定时间限制，以紧迫性为依据。

SMART 是金融产品销售中常用的目标管理和效率管理模型。“SMART”代表五个关键要素的首字母，它们构成了目标管理的五大原则，也被称为目标管理的“五个维度”。

S——Specific（具体的）

目标制订和绩效评估标准必须具体、明确，避免模糊不清。使用清晰的语言描述所需的销售行为标准，让销售人员和管理者能够准确理解目标并知道如何实现。例如，对于提升客户服务和推销的两种描述：① 提高客户满意度；② 增加每月销售额至少 10%。描述①中的“提高客户满意度”过于抽象，难以量化和行动。而描述②明确了每月销售额增加至少 10% 的具体要求。所以第②种描述方式更为有效。

M——Measurable（可量化的）

目标和指标必须可以量化或行动化，并且必须能够获取与之相关的数据或信息，以进行明确的评估。例如，对于保险客户拓展的两种描述：① 增加潜在客户；② 每月联系至少 20 个潜在客户，并完成 5 个销售。描述①中的“增加潜在客户”是一个模糊且无法衡量的目标。相比之下，描述②明确规定了每月联系至少 20 个潜在客户，并要求完成至少 5 个销售。这既提供了具体的数量要求，也明确了完成的标准。

A——Achievable（可实现的）

目标和绩效指标必须在努力付出的情况下可以实现，避免设定过高或过低的目标。目标设置需要员工参与和充分沟通，以确保组织和个人之间达成一致，既要有挑战性，又要具有可实现性。目标应该是可达到的，而不是不切实际的。

例如，要求一个新入职的销售人员在一个月内达到百万元销售额是不切实际的目标。相反，要求他在一个月内达成一定的销售量和利润目标是可实现的。只有目标是可实现的，他们才会有动力去追求。

R——Relevant（相关性）

组织的目标必须与个人的工作相结合，绩效指标必须与销售工作相关，并且各个目标之间需要有一定的关联性，都应该为实现大目标或大方向服务。例如，如果一个销售人员被要求提高某个基金产品的销售量，那么提高销售量和个人销售工作水平直接相关。然而，如果他被要求参加与金融产品无关的培训课程，就无关紧要，因为这与提高销售工作水平关系不大。

T——Time-bound（时限性）

注重目标和绩效指标的完成时间，绩效指标必须有明确的截止期限。例如，如果我的目标是在今年年底之前完成特定金融产品的销售目标，那么年底就是明确的截止日期。没有明确的时间限制将导致目标无法评估，可能带来不公平的考核，并损害工作关系和销售人员的工作积极性。

深度思考

思考一下在学习生活中是否也可以应用 SMART 原则来指导？如何应用？请举例说明。

在目标设定后，目标的分解是重要的一步。在目标分解的过程中，最困难的部分是如何合理地按照季度、月度、周度和每日来分解整体目标。

在每日计划中，销售人员可以按照时间管理四象限原则，将每天要完成的工作事项进行登记和备注。对于“重要且紧急”的工作，应以醒目的红色标记，使其显眼突出。旁边还应附有一个专用的万年历，方便明确日期和时间安排（如图 3-2 所示）。为了更好地满足销售工作的需求，个人可以在表格中列出工作计划事项，并注明计划完成时间以及后续工作。此外，我还另外列出一个表格，方便记录订单相关信息，如“订单号、金额、定金 / 尾款”等。

周一	周二	周三	周四	周五	周六	周日	周
07	08	09	10	11	12	13	10
14	15	16	17	18	19	20	11
21	22	23	24	25	26	27	12
28	29	30	31				13
							14
							15

备忘录

2023 年	2023年3月28日	高效工作　日计划		
3 月	星期二			
今天要完成的6件事!				
┌	素材收集整理		不重要不紧急	给别人做
┌	撰写原创文章和排版		重要不紧急	制订计划去做
┌	用户分析数据表		不重要但紧急	有空再说
┌	资源储备		重要不紧急	制订计划去做
┌	品牌建设		重要又紧急	优先解决
┌	活动方案		重要又紧急	优先解决

序号	日期	工作计划事项	计划完成日	后续工作	是否完成	备注
1	3月20日	活动方案制定	3月20日	催促营销组	100%	刘经理协助
2	3月20日	品牌建设渠道确认	3月20日	研究公众号	50%	明天重中之重!
3	3月20日	资源储备	3月20日	市场不调研	90%	督促
4	3月20日	撰写原创文章和排版	3月20日	检查上新	100%	最后确认。
5	3月20日	用户分析数据表	3月20日	报告验收	100%	分享给营销部
6	3月20日	素材收集资料	3月20日	下午整理	75%	整理后分享
7						
8						
9						
10						

序号	订单号	金额	定金/尾款	报销项目	金额	备注
1						
2						
3						
4						
5						
6						

根据重要性对6件事进行优先排序。四项法则		
一	重要又紧急	优先解决
二	重要不紧急	制订计划去做
三	不重要但紧急	有空再说
四	不重要不紧急	给别人做

图 3-2 日计划目标分解

对于月度销售计划而言，可以按照四个周的维度进行拆分，以更好地分解销售目标。这样一来，当实际销售业绩与目标业绩进行对比时，就可以使用“达成率”这一指标，清晰地了解每个负责人每月和每周的业绩情况（如图 3-3 所示）。

每月销售计划表

业务员：小张			本月总目标		338000		实际达成	37400		达成率	11.07%
序号	产品名称	销售目标	任务分解				实际达成	达成率	负责人	是否完成任务	如未完成说明原因
			第一周	第二周	第三周	第四周					
1	A	20000	4500	3200	8000	3000	18700	93.50%	小张	✖	
2	B	18000	3000	4500	6200	5000	18700	103.89%	小梅	✔	
3	C	20000					0	0.00%	小梅	✖	
4	D	20000					0	0.00%		✖	
5	E	20000					0	0.00%		✖	
6	F	20000					0	0.00%		✖	
7	G	20000					0	0.00%		✖	
8		20000					0	0.00%		✖	
9		20000					0	0.00%		✖	
10		20000					0	0.00%		✖	
11		20000					0	0.00%		✖	
12		20000					0	0.00%		✖	
13		20000					0	0.00%		✖	
14		20000					0	0.00%		✖	
15		20000					0	0.00%		✖	
16		20000					0	0.00%		✖	
17		20000					0	0.00%		✖	

图 3-3 月计划目标分解

在年度销售计划表中，销售人员将时间划分为 12 个月的维度，可以记录每个月的目标数量和完成数量，并自动生成“完成率”和“完成指标”这两个数据。这两个数据能够提供直观的参考，并对下一步的工作安排具有指导作用。另外，可设计成自动生成饼状图和柱形图，直观地展示一年来的目标完成情况，这有助于全面了解每个月份的销售情况（如图 3–4 所示）。

年度销售计划表

月份	1	2	3	4	5	6	7	8	9	10	11	12
目标	973	994	925	644	437	528	767	824	800	494	867	608
完成	621	1438	789	844	563	489	638	805	862	507	1000	686
完成情况	未完成	已完成	未完成	已完成	已完成	未完成	未完成	未完成	已完成	已完成	已完成	已完成
完成率	64%	145%	85%	131%	129%	93%	83%	98%	108%	103%	115%	113%

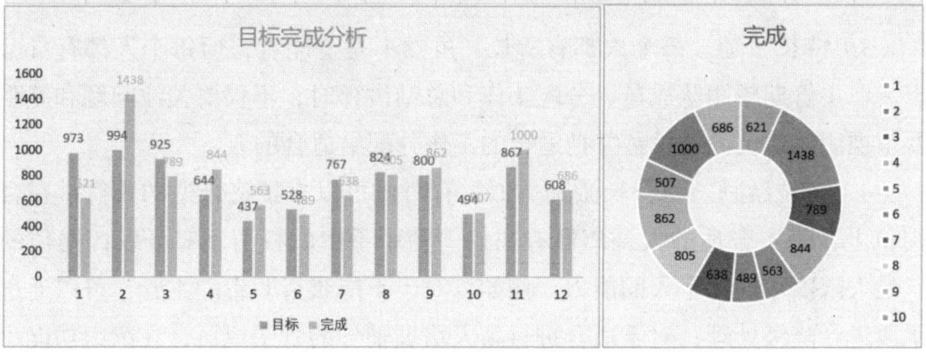

图 3-4　年计划目标分解

值得注意的是，在分解过程中，销售人员需要写下实现整体目标所需的必要条件，并绘制出小目标，在第一层分解中写出实现每个小目标所需突破的困境和条件，并提前做好准备。随后继续进行后续的目标分解。

（二）出激励

正如上文双因素理论所提到的，团队领导通过正激励和负激励来激发销售团队的积极性。正激励可以包括精神奖励和物质奖励。精神奖励可以以月度销售冠军、新人王等形式进行，以树立榜样和标杆。而物质奖励则可以根据公司需要，从提高客单价和转介绍的转化率等方面进行设定。国内金融企业在物质激励方面，销售人员的收入一般设置为底薪＋提成＋专项奖＋福利。负激励则是通过末尾淘汰制和小惩罚等方式来督促销售人员不断努力，避免业绩下滑。

（1）目标激励。达成任务被视为职业经理人的天职。对于一名普通的营销员来说，在销售行业中生存下去的关键是目标的达成感。一旦被分配任务和承诺目标，就要想尽一切办法去实现。因此，每当任务下达时，每个层级都应允许启动良好的团队，并进行有效的激励面谈，帮助团队确立目标、分析实现路径和措施。尤其是在实现目标过程中，必须定期进行阶段性总结和追踪，了解目标达成情况，并坚持提供相关提示和追踪。

（2）典范激励。无论在顺境还是逆境中，我们都需要树立典范。典范可以为大家提供学习借鉴的方法和参考对象。特别是在目标达成遇到瓶颈、停滞不前时，及时树立典范、培养英雄是一种非常有效的激励方式。因此，许多销售团队会在早会上分享签单成果和拜访经验。当然，典范需要根据不同时期进行挖掘和树立。

（3）特长激励。每个人都有所长，虽然不是全能者，但每个人都有自己的优点。在主管期望团队成员、分配工作和总结讲评时，不仅要关注问题和差距，还要重视团队成员的特长，并把适合的工作分配给适合的人。

（4）岗位激励。与特长激励类似，有时候可以直接将合适的人安排在合适的岗位上，将不合适的人调离原有岗位。利用手中的权力，充分发挥岗位的价值，最大限度地发挥个人的能力。例如，对于不能履行职责的主管，可以通过相关手段进行降级处理；对于适合进行新人培训辅导的骨干成员，在组织功能小组分工时，可以将新人与这些骨干成员进行衔接培训，他们可以在自己熟悉且擅长的工作范围内更加游刃有余地完成工作。

（5）培训激励。通常情况下，营业网点部门在业绩启动前都喜欢进行培训激励，如一天的培训和半天的启动会。我们必须注意培训激励的时机。例如，在公司组织发展之前，我们的培训激励应关注组织发展理念、新增面谈技巧等方面。当公司推出新产品时，可能会出现业绩与预期差距较大的情况，此时可以组织“产品加温”式的培训，其中包括典范分享和目标激励等环节。

（6）授权激励。在营业区或营业部内，授权通常以功能小组的形式体现，将主持和主讲、生日会、团队活动、客户联谊会等活动授权给功能小组成员，可以提升团队的积极性，为日常的营销管理奠定基础并提供支持。

（7）氛围激励。一般情况下，氛围激励通过职场布置、微信群播报、激励面谈和个人关怀等方式体现。总之，这是让团队感受到温暖的工作氛围，感受到被重视，这样就会充满干劲。

（8）物质激励。这里主要指奖励方案，包括公司的奖励方案、营业部的小奖励方案，甚至可能是业务经理个人制订的一些奖励方案。只要是超过基本奖励之外的实物或收入方面的奖励，在大家看来都属于额外的奖励，会激发更大的潜力和动力。例如，有些营业部在最后冲刺期会为冲锋团成员制订方案，对于在月底最后三天实现额外销售业绩 5000 元以上的冲锋团成员，可以参加一次养生馆的休闲活动。

（9）精神激励。营销团队中有许多精神激励方案。作为主管，要想方设法进行精神激励。建议以此为主，因为个人的资金无法与公司相比。例如，销售总监在部门早会结束后都会与一些老伙伴进行面谈，关心他们并鼓励他们加油拜访，让这些颓废的伙伴倍感重视，增加拜访量。

（10）竞赛激励。一般来说，企业可以鼓励营业区之间、营业部之间、营业组之间甚至个人之间进行业绩对抗活动。例如，一些部门之间可以进行早餐对抗，失败方要请赢方吃早餐；也可以通过赠送红蓝旗进行对抗，失败方接受对方赠送的蓝旗（有时也会赠送黑旗），而赢方接受对方赠送的红旗；等等。

（11）晋升激励。这与精神激励相似，但主要结合基本晋升制度来进行职业规划激励。上级部门可以根据基本晋升标准与组员进行面谈，在面谈过程中充分分析组员的业绩和新增业务情况，指出晋升差距，并提供建议和方法。必要时，上级主管还可以承诺提供一定的帮助，并表态持续关注组员的晋升情况。

（三）追过程

我们通过周例会和早晚会等形式来持续追踪销售负责人的工作进展。周例会主要关注当前目标达成情况，确定本周内可以合作的单数和金额，并制订剩余目标的实现计划。早晚会则是每天报目标和达成情况，以及及时解决问题和调整策略。

在追踪过程中，例会是一个重要的工具。组织例会过程中，首先要确定会议议程。每次会议都应该有一个完整的议程，而例会的议程相对来说是固定的，这能提高会议的效率，如图 3–6 所示。

图 3–6 周例会流程设计

作为一个充满激情的销售团队，可以借鉴上述流程，同时要因地制宜，让这一制度适应公司的需要。在汇报过程中，所有发言人员需要整理上周的销售情况，包括但不限于以下内容：

- 检查是否完成了上一周的销售目标
- 检查各部门/渠道上周的销售额
- 检查每个人的上周销售额
- 评估新客户开发的数量
- 分析客户维护的情况

根据这些数据，分析上周的行动计划目标是否完成；同时，要注意行动计划中存在的问题、改进的地方；制订新的行动计划和目标，并指定责任人。通过这些内容，会议可以更具高效性和实用性。记住要站在帮助员工的角度，解决员工自身能力范围内的问题。如果问题超出了员工自身的权限范围，或者是突发性、无法预知的问题，需要及时寻求其他人的帮助。

需要注意的是，在会议中需要严格控制时间。作为销售团队，早上让员工全身心地投入市场是很重要的。因此，周例会不要占用员工在市场上工作的时间，而是将日常会议安排在稍晚一点的时间。

其次，确定会议时间、控制会议时间以及倒计时式的汇报形式都是很重要的。领导不超过 5 分钟，每个汇报人员不超过 7 分钟，尽量将会议时间控制在 1~1.5 小时（具体根据公司规模而定，不必太拘泥于时间）。否则，会议会显得啰唆，只需要简明扼要地阐述主要内容即可。这样会倒逼大家提前完成相关数据和问题的汇总，使得大家在会议中有充分的准备，从而提高会议效率。

同时，确保会议产生完整的结果并进行会后追踪。会议结果应该是完整的，这并不仅仅指会议纪要，更重要的是指会议中制订的行动计划如何落实：

- 目标和评价标准是什么？
- 责任人是谁？
- 完成日期是何时？
- 是否需要其他资源？
- 由谁来进行检查？
- 如何处理未能落实的事项和责任人？

此举措的目的必须具体明确，推动进展，细化问题，改进方式，推进实现月度和年度目标。

最后，会议结束后的追踪非常重要，确保会议产生了完整的结果。要确定汇报的时间点，负责人向指定的人汇报，可以采用积分制、PK 制、竞赛制等方式来监督和追踪此项汇报工作。业务经理向下询问，分析计划是否达成，分析执行情况，切忌只做到及时提醒，还要落地追踪。

（四）要结果

例会结束后，对特定周期的目标进展要进行评估和调整。如果目标没有达成，需要复盘原因并制订相应的补救措施。例如，如果小组某天没有业绩产出，可以复盘近期原因，并要求在第二天补上欠缺的 A 类意向客户转化。此外，对于销售业绩低于 70% 的情况，也需要在周末补业绩或至少达成两个 A 类意向客户。

（五）勤复盘

需要进行反思和总结。复盘是销售团队的必要工作，通过按照每个部门的 OKR 格式来进行目标回顾，聚焦目标并不断迭代更新，从而实现目标的持续改进和提升。

案例研读

OKR：复盘工具

OKR（Objectives and Key Results）是一套管理工具和方法，用于定义和跟踪重点目标及其完成情况。OKR 包括目标（Objectives）和关键成果（Key Results），其中关键成果是指为实现目标所需的具体行动。

OKR 的实施分为以下步骤。

（1）设定目标：确保目标具体、可衡量，并最好是量化的数字。目标应该具有一定的挑战性，不应太过容易实现。

（2）明确关键成果：为实现目标，必须明确需要采取哪些行动。每个目标应设定不超过 4 个关键成果，这些关键成果应该指向实现目标，具有可衡量性和创新性。

（3）定期回顾：每个季度进行回顾和考评，评估目标的完成情况。

范例1：（支撑式）

O	KR计划	权重	KR完成	KR得分	O得分	等级
本季度新开发客户30家	KR1：投入广告费50万元拟新增8家	30%	签约5家	63	66.9	中
	KR2：拜访客户200次，拟带来签约12家	40%	签约9家	75		
	KR3：参加行业洽谈会拟新增10家	30%	签约6家	60		

在设定 OKR 时，有以下基本要求。

（1）目标设定具体、可量化且有一定挑战性；

（2）每个季度设定 4~5 个目标；

（3）每个目标的关键成果不超过 4 个，指向实现目标，可衡量且不是常规的；

（4）OKR 设定后要公开，以确保透明度和公平性；

（5）每季度进行一次考评，评估目标的完成情况。

通过实施 OKR，可以提高目标的设定和追踪效果，促进团队和个人的发展和成长。

思考一下

请为你自己设计一份今年的 OKR 计划，可从生活、工作、学习等方面展开，设计不同的 O 和对应的 KR 计划内容。

总的来说，目标管理是销售管理的核心内容，通过明确的目标设定、积极的激励机制、持续的跟踪和评估、及时的结果要求和勤奋的复盘，可以帮助销售团队更好地实现销售目标，并不断提升业绩。在实际销售中，不同金融产品的销售案例也可以作为补充，以帮助销售团队更好地理解和应用目标管理的方法和技巧。

知识点测试

（一）选择题

1. 下列不属于双因素理论中保健因素的是（　）。

A. 奖金　B. 核心价值观　C. 基本工资　D. 社保公积金

2. 下列不属于 SMART 原则的是（　）。

A. 可衡量的　B. 可实现的　C. 相关的　D. 差异的

3. 例会的一般流程不包括（　）。

A. 部门主管点评　B. 制订改善节点

C. 制订人事任命　D. 员工总结

4.OKR 的三个流程包括（　）三个维度。

A. 设定目标　B. 明确关键成果　C. 不定期更新目标　D. 定期回顾

（二）简答题

1. 请简述目标感的重要性有哪些。

2. 简述双因素理论的主要内容，并举例说明。

3. 销售团队在全面目标管理时经常出现的错误有哪些？

课中实训

实训一：赋予金融销售工作“目标感”

实训目标：

学生能通过对销售“目标感”的深入理解，感受到目标感的重要性。

任务描述：

双因素理论是重要的内驱力工具。因此，借助该理论对受访调研对象进行分析，理解销售团队的激励形式。

任务要求：

以小组为单位，通过线上或线下访谈的形式，借助双因素理论了解目前销售团队常用激励手法。调研访谈对象为你身边认识的亲戚朋友或者师兄师姐，并且是销售相关岗位（不少于3人）。了解其销售工作中两个激励因素具体是什么，哪些因素帮助他们树立目标感，最后将结果填写在表3-1中。

表3-1 目标感调研报告

实训二：全面进行目标管理

实训目标：

学生能进一步了解目标管理的重要性，学会分解任务。

任务描述：

目标管理是在树立目标感后销售人员通过设定、追踪和评估目标，来实现销售团队的预期业绩。因此，结合“实训一”的调研结果，深度了解全面目标管理的具体实施情况。

任务要求：

以小组为单位，围绕实训调研对象深度访谈，了解他们制订销售计划和目标的主要方法和策略，销售目标分解的策略和方法，例会参与组织的氛围和形式等内容，最后将任务的成果填写在表 3-2 中。

表 3-2 全面目标管理调研报告

课后提升

案例研读

禹州亿通：内外激励，激活团队士气及行动力

禹州市亿通汽车贸易有限公司（以下简称禹州亿通）于2006年成立，经营范围包括品牌汽车销售，汽车维修、汽车租赁、保险业兼代理业务以及与汽车销售、售后服务有关的市场营销及咨询服务等。该公司销售团队在激励方面不断强调共同的愿景和目标激励，并相信只有在共同的愿景和目标指引下，每个团队成员才能产生强大的内驱力和行动力。因此，禹州亿通在团队及业务正向推动过程中，认为内外部激励是必不可少的因素。

首先，在目标及内部激励方面，禹州亿通设定了明确的目标，并通过不同的方式激励团队成员。他们制作了员工“梦想墙”，让员工规划自己的目标，从每月给父母零花钱到带父母出国旅游，每个月都有小目标。同时，各部门也制订了年度和月度的目标，并进行量化，通过目标跟踪确保目标的完成。销售经理负责制订可量化的执行目标，并对过程和结果目标进行区分和激励。每个月销售顾问会与销售经理签订目标责任状，明确工作方向。销售经理通过数据监管和实际业务帮助来带领团队完成设定的目标。

其次，在合理有效的绩效奖励方面，禹州亿通注重保障员工稳定和满意度。他们根据不同的市场环境和销售政策，制订差异化的绩效方案。例如，他们设立了年度奖励机制，根据销售经理完成的部门年度任务给予团队奖励，其中一部分奖励给销售经理个人，另一部分根据销售顾问的贡献程度奖励。此外，他们还制订了灵活的月度绩效方案，根据每个月的业绩情况进行调整。通过调整促销政策、提高奖励金额、调整金融分期政策等方式，激发销售顾问的积极性，从而推动业绩的提升。

最后，在客户激励方面，禹州亿通注重转介绍政策。他们制定了极具吸引力的转介绍政策，并制订内部转介绍规则，激发老客户和团队转介绍的积极性。他们将“无形承诺”转化为“有形化协议”，通过礼品形式的奖励、签订长期协议的方式来增加转介绍的持续性。他们根据绩效从老客户、新客户和销售顾问三个方面设定激励，并通过全员参与销售、售后服务顾问直接签订转介绍协议等方

式，确保客户的全面覆盖和团队的强化。

总体来说，禹州亿通在团队激励方面注重设定明确的目标，制订合理有效的绩效奖励以及优化客户激励政策。他们强调共同的愿景和目标，通过内外激励的方式推动团队和业务的发展。这使得禹州亿通的团队成员产生了强烈的内驱力和行动力，为公司的长期稳定发展作出了重要贡献。

思考一下

禹州亿通的内外激励方式能否应用在金融产品或服务销售方面?

知识梳理与归纳：（请绘制本项目的思维导图）

思考总结与心得分享：

项目四

分析金融产品消费者购买行为

知识目标

· 了解金融产品消费者的含义与分类。

· 了解影响消费者购买的主要因素。

· 了解消费者购买决策过程。

能力目标

· 培养分析金融市场购买者行为及其影响因素的能力。

· 根据购买者的行为特征制订相应的营销策略。

素养目标

· 培养学生自我认知能力、独立思考能力。

· 培养销售人员的职业素养和道德。

思政育人目标

· 树立独立的意识，杜绝盲目跟风。

· 培养创新意识、与时俱进精神。

引导案例

进击的淘金猎人

曾几何时，一说到买黄金，我们首先想到的往往是家里长辈。2013年年初，国际金价大跌，“中国大妈”横扫金店的新闻引发关注。

然而，十年河东十年河西，现如今搅动黄金市场的消费主力变成了年轻人。根据《2021中国黄金珠宝消费调查白皮书》显示，黄金的主流消费人群中，年轻人占比七成以上，且以25~35岁为主，消费比例达到75.59%。换言之，2021年我国黄金消费总量为1120.9吨，其中七成有余被年轻人薅走，基金受的伤，黄金全补上。

说到这，可能有人质疑，“土里土气”的黄金，怎么就俘获了年轻人的心呢？

思考一下

请说说你对上述案例的看法。你和你身边的朋友是否购买过黄金？购买的原因分别是什么？

课前自学

一、金融产品消费者购买动机

在现代广阔而复杂的市场中，产品营销者根本不可能获得整个市场，也不可能用一种产品和销售模式应对所有的客户，更不可能对所有的消费者提供其所需要的所有产品，金融营销者也是如此。一方面，每个金融企业的资源都是有限的；另一方面，金融消费者的数目巨大、分布广泛，所需金融服务又迥然不同。所以金融企业必须了解消费者需求，根据消费者的不同需求提供相应的优质服务，以取得竞争优势以及市场份额。

（一）金融产品消费者的含义

金融产品消费者是指使用金融企业所提供的金融产品与服务的个人或组织，是金融企业的服务对象。无论在货币市场还是在资本市场，参与各种金融交易的主体或中介，甚至某些金融机构本身，在不同的时间、场合以及不同的交易过程中，都有可能会成为金融消费者。

（二）金融产品消费者的分类

1. 按金融交易主体划分

（1）个人或家庭。个人或家庭是金融市场中的基本客户。

（2）工商企业。主要包括生产性企业、流通性企业和非金融服务性企业。

（3）政府。政府通常是金融市场的大宗客户，它虽然可以作为金融市场的资金供给者，但更重要的是金融市场的资金需求者。

（4）金融企业与机构投资者。其中，金融企业主要包括银行和非银行金融机构，诸如商业银行、专业银行、政策性银行、保险公司、信托投资公司、证券公司、财务公司等；机构投资者主要是在资本市场从事大宗交易的金融机构，如保险公司、信托投资公司、财务公司、基金投资公司等，其投资对象主要是公司股票、企业债券和政府公债。

（5）事业单位与社会团体。主要包括研究机构、医院、学校以及各种具有活动经费的社会团体等。

2. 按金融交易需求划分

（1）头寸需求者：主要指实行存款准备金制度的金融机构，如商业银行等。

（2）筹资者：指通过金融机构在金融市场筹资的资金使用者，如企业、政府等。

（3）投资者：指在金融市场上以一定报酬为前提而出让资金使用权的资金供应者。

（4）套利者：指金融市场上的投机者，一级市场与二级市场都有，并以二级市场最常见。

（5）保值者：指因担心金融资产贬值而持有具有保值性质的金融产品的客户，如参与保值储蓄者、黄金珠宝购买者等。

（6）信用中介者：指在投资者与筹资者之间发挥信用保证作用的机构，如银行、专业的担保公司等。

（7）投保者：指保险公司的客户或保险受益凭证的持有人（财产、人寿等）。

（8）经纪者：指在金融交易中以获得佣金为目的者，主要指金融中介机构。

3. 按金融交易量划分

（1）大户：指交易相对集中、交易量大的客户，其既可能是大宗资金的需求者，也可能是大宗资金的供给者，如企业、政府、金融机构、机构投资者等。

（2）散户：指交易量小、交易相对分散、交易频繁的客户，主要为社会公众。

综上所述，金融产品面对的消费群体是非常庞大的，对于不同的消费者，需要不断增加服务人员，因而营销成本较高，然而只要金融企业积极开发消费者所需要的金融产品与服务，善于经营与管理，依然可以做到有的放矢，获得营销成功。

（三）金融产品消费的需求与动机

1. 需求

经济学中我们学过，消费者需求（Consumer Demand）是人们为了满足物质和文化生活的需要而对物质产品和服务具有货币支付能力的欲望和购买能力的总和。按照消费者的目的性可以分为初级的物质需求和高级的精神需求。其中，初级的物质需求表现在人们达到一定的消费能力之前，为了获取赖以生存的物质所带来的消费；精神需求则是在满足了物质需求后，为了得到更多的非物质需求——精神需求而带来的消费。

图 4-1 所示为金融消费者行为的需求模式，它反映了在一定条件下个体行为的因果关系。个体行为正是处于一个循环往复的过程之中，当一种需要得到满足，另一种需要就上升为主要需要，从而产生新的欲望和动机，并促使个体采取新的行为去追求新的目标，直至得到新的满足。

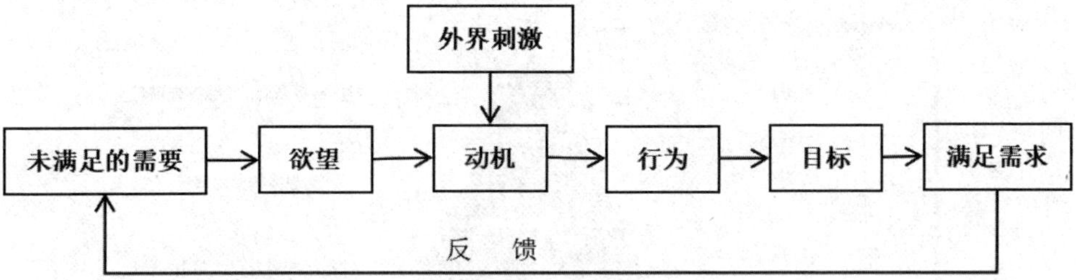

图 4-1 金融消费者行为的需求模式

阅读拓展

马斯洛需求层次理论

市场营销心理学认为，个体的消费行为是个体与其所处环境互相作用的结果，个体自身的某些内在心理特性（内因）是其行为的主导力量，而环境因素则是外因。在一定的环境条件下，个体的行为受其动机的支配，这种动机体现着个体内心的某种紧张、焦虑状态，并形成欲望。由于欲望源于个体未满足的需要，因而个体行为的最直接动力是个体的动机，而最原始的动力则是个体的需要，尤其是未满足且强烈期待满足的需要。在动机的支配下，个体的行为总是指向某一特定的目标，只有达到了该目标，需求得到了满足，个体内心的紧张和焦虑状态才会消失。

而马斯洛认为人都潜藏着七种不同层次的需要，这些需要在不同的时期表现出来的迫切程度是不同的。人的最迫切的需要才是激励人行动的主要原因和动力。人的需要是从外部得来的满足逐渐向内在得到的满足转化。马斯洛在人生的两个阶段提出了不同的观点，所以我们在一些书上只能看到马斯洛需求层次的五个层次：生理需求、安全需求、爱与归属需求、尊重的需求、自我实现需求。具体地说，按照重要性和层次性排序，七种不同层次的需要主要如图 4-2 所示。

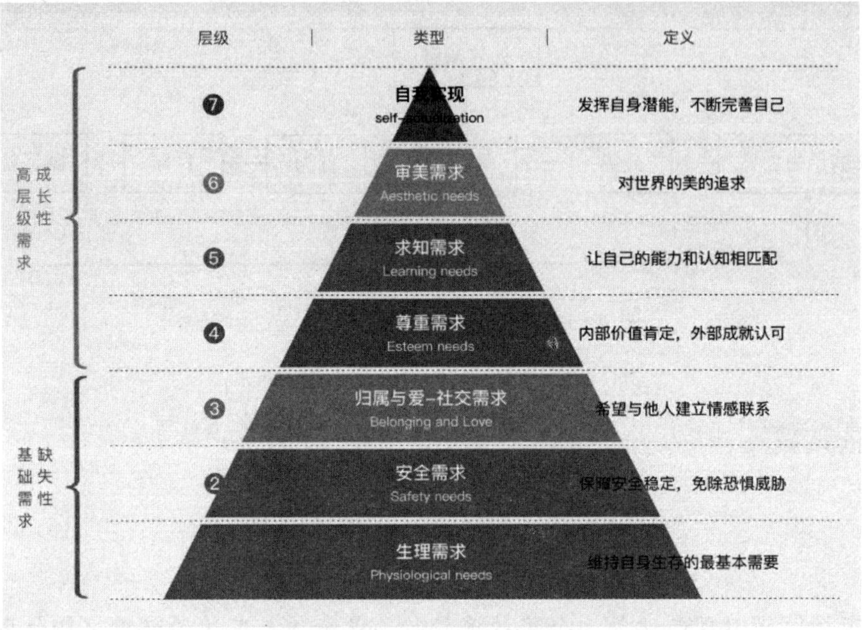

图 4-2 马斯洛需求层次理论

思考一下

金融产品需求是马斯洛需求理论的哪个层次需求？

2. 动机

消费者的购买动机（Purchase Motivation）是指个体在消费过程中推动其实际购买行为以满足其欲望和需求的内驱力，也就是消费者购买某种商品的原因。消费者的购买动机直接影响并制约着人们的购买行为，即消费者的购买行为都包含一定的购买动机，一般是先产生购买动机，然后再付诸购买行为。例如，人们为了解渴就会去购买饮料，饿了便会去购买食品等。在消费者的各种购买决策中，其动机与行为的关系较为复杂，一种动机会导致多种行为，如为了解决上下班的交通工具问题，人们便会购买自行车、助力车、摩托车或汽车；而一种行为也可以是由多种动机所引起的，如购买金饰品的动机可以是为了装饰、保值甚至炫耀。可见，消费者的购买动机多种多样。

金融消费者的购买动机通常分为以下三种：一是作为资金的供给者，期望投资获利、保值增值、保险、套利等；二是作为资金需求者，期望以低成本获取资金的使用权；三是作为交易中介人，期望促成交易、获取佣金等。同时，金融消费者的消费需求与动机相比于其他消费者而言，具有如下特征。

（1）理智性。金融消费者的购买动机并非随意、感性、冲动的，而是具有理智性的。与生活消费品购买不同，金融消费者决定参与某种金融交易是有明确目的的，并且是在进行认真对比分析计算的基础上选择最优方案，力求趋利避害。

（2）衍生性。金融消费者的购买动机一般是由其他各种复杂的需要衍生而来，或者是为了满足不同的需求。例如，投资者购买国债以求保值增值，其真实的需要可能是为了积攒孩子未来的教育费用；政府发行公债筹集资金可能是为了投资国家基础设施建设，也可能是为了弥补财政赤字。

（3）诱导性。对于具有一定金融资产或具有开发潜力的客户，一方面，其金融需求可以被唤起；另一方面，在一定外界条件刺激下，可以从一种需求转化为另一种需求。例如，在高回报的诱导下，消费者会将银行存款提现以购买其他某种金融产品。

（4）替代性。金融消费者的动机多种多样，除了参与金融交易获利外，还存在其他动机，并且每种动机都可以彼此替代。金融营销者应该看到，消费需求往往是金融需求的重要替代力量。当人们收入低时，消费支出通常占了他们收入的绝大部分，这时金融需要欲望和能力都会很低。即使人们的收入普遍增长较快，安排基本生活消费之后可支配收入（闲置资金）较多，也不一定会投向金融市场，因为受消费品广告的影响，人们可能会追求高档的生活消费，如购买住房、汽车等物质消费或用于教育、旅游等精神消费。除消费因素外，直接融资与间接融资之间也存在着一定程度的替代关系。

（5）波动性。受外界因素的影响，如经济金融形式的预期、政局的演变、战争的爆发、自然灾害的出现等，都会对人们的金融需求有显著的影响。金融购买动机的波动性，使得金融交易呈现出较大的弹性，因而容易滋生泡沫，从而潜伏着极大的风险。由此所引发的金融动荡，不仅会影响一国经济的健康发展，还可能诱发金融危机甚至经济危机。

动机是行为的直接推动力，其不仅引发行为、支配行为，而且决定行为的方向，并使行为获得强化。金融消费者的动机就是满足自己的特定需要而在金融市场采取某种行动的思想。在金融市场上，通常较少探究人们从事金融交易的动机，因为在市场经济条件下，投资获利应受到鼓励；同时，人们在金融市场的行为主要是由相关的法律法规来界定的，违法乱纪者会依法受到惩罚，至于通过合法的金融交易所获得的收益主要用于何种目的通常不予考虑。当然，为了做好金融营销工作，金融营销人员仍需要分析和研究金融客户参与金融交易的目的，即探究隐藏在金融消费者需求背后的深层次需要。

即学即用

请思考一下，你和你身边的亲朋好友是否购买过某种金融产品呢？你们的目的分别是什么呢？动机是否相同？

二、金融产品消费者购买行为模式

（一）消费者购买行为

消费者购买行为（Consumer Buying Behavior）是指消费者在寻求、评估、购买、使用预期能满足其需要的产品和服务时表现出来的行为。通过研究消费者的购买行为可以有效地发现市场机会，开发新产品，获取更高的利润。如果一个企业不注重研究消费者的购买行为，只是片面依靠商品销售方面的统计数字，市场调研的结果就难以符合实际，而以此为依据所制订的市场营销计划也只能落空。作为金融机构营销人员，要研究消费者购买行为的规律，必须回答以下 7 个问题，通过这 7 个问题营销人员才能认清消费者购买行为的每个环节，更有针对性地开展营销活动。由于答案的 7 个英文单词的首字母都是 O，所以就构成了 7O’s 框架，如图 4-3 所示。

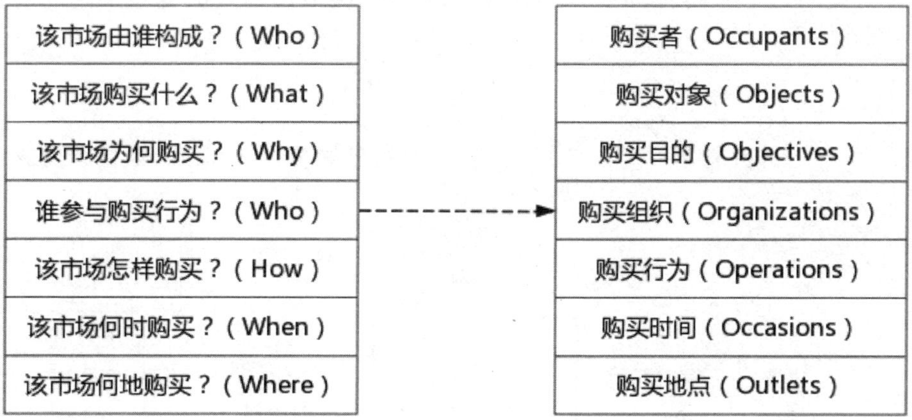

图 4-3 7O’s 框架

以信用卡这类金融产品为例。个人消费者将选择怎样的信用卡产品？不同的个人消费者在选择信用卡时有何差异？他们选择信用卡哪些不同的服务？他们选择信用卡追求什么利益？在什么情况下会使用不同的信用卡？使用信用卡的地点有何特点，使用时机有何特点？当新的信用卡产品上市时，他们会更换原有的信用卡吗？办新的信用卡的原因有哪些？这些问题往往要通过广泛深入的市场调研来获得答案，而金融机构则必须在此基础上去发现消费者购买行为的规律，并有的放矢地开展营销活动。

（二）消费者购买行为模式

消费者在购买行为中的收集信息、比较方案、购买等活动不是凭空产生的，它们会受到诸多因素的影响，有来自消费者自身的，也有来自外部环境的。消费者这些行为的出现有一定的规律可循，金融销售人员如果掌握了这一规律，就可以通过适当的手段对消费者实施刺激，使外在刺激因素与消费者的内在心理发生整合作用，促使消费者作出购买决策，并产生购买行为。这一规律，正是消费者购买行为模式所要研究的问题。

对于金融销售人员而言，核心的问题是：消费者对金融机构可能采取的市场营销刺激会如何反应？行为心理学理论认为人的行为都是由外界刺激引起的。根据这一理论，科特勒提出“刺激—反应”模型，认为消费者行为是一个刺激与反应的过程。

如图 4–4 所示，消费者行为源于受到的来自环境和营销的刺激。面对刺激，消费者会因为个人特性的不同而作出反应，表现出营销人员能观察到的一系列行为。

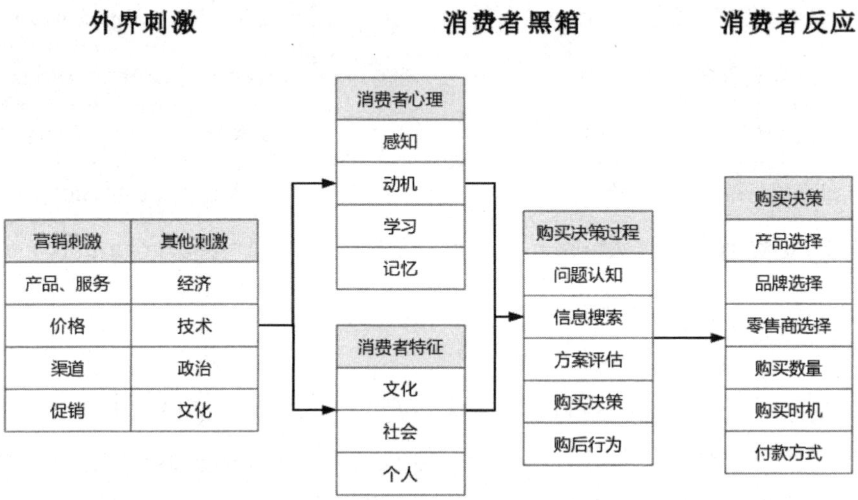

图 4–4 消费者购买行为模式

但消费者的内心经历了一个怎样的决策过程，这一过程又受到哪些因素的影响？这是销售人员最感兴趣，但又无法完全认识的领域，被称为“消费者黑箱”，推销人员必须探明黑箱中有什么。

市场营销刺激由产品、服务、价格、渠道和促销构成，其他刺激包括消费者所处环境中的重要力量和事件，包括经济、技术、政治和文化等方面。所有这些因素进入消费者黑箱，在那里转化成一系列可以观察到的消费者反应。金融销售人员需要在与客户推销洽谈前理解刺激怎样在黑箱中转化成反应，这主要由两部分构成：消费者心理和特征与消费者购买决策过程。

阅读拓展

“现代营销学之父”——菲利普·科特勒

菲利普·科特勒（Philip Kotler）博士生于1931年，是现代营销集大成者，被誉为“现代营销学之父”，现任美国西北大学凯洛格管理学院终身教授，是美国西北大学凯洛格管理学院国际市场学S. C. 强生荣誉教授，具有麻省理工学院的博士、及苏黎世大学等8所大学的荣誉博士学位。除此之外，他还是美国和外国许多大公司在营销战略和计划、营销组织、整合营销上的顾问。同时他还是将近20本著作的作者，为《哈佛商业评论》《加州管理杂志》《管理科学》等杂志撰写了100多篇论文。

科特勒博士一直致力于营销战略与规划、营销组织、国际市场营销及社会营销的研究，他的最新研究领域包括高科技市场营销，城市、地区及国家的竞争优势研究等。他创造的一些概念，如“反向营销”和“社会营销”等，被人们广泛应用和实践。

尽管科特勒的名字和市场营销紧紧联系在一起，但他却是从经济学起步的。在相继获得芝加哥大学的硕士学位和麻省理工学院的博士学位后，他重返芝加哥大学从事行为科学的博士后研究，并在哈佛大学钻研数学。1962年，他受邀加盟凯洛格管理学院，从此开始了执教生涯。他从营销学助教开始，一步一步走向营销学的顶峰。

（三）影响消费者购买的主要因素

市场消费者不可能在真空中作出自己的购买决策，科特勒提出消费者行为影响因素主要有三个：文化因素、社会因素、个人因素。在个人因素中，心理因素具有重要作用，通常情况下会被单独分出来，如图4–5所示。

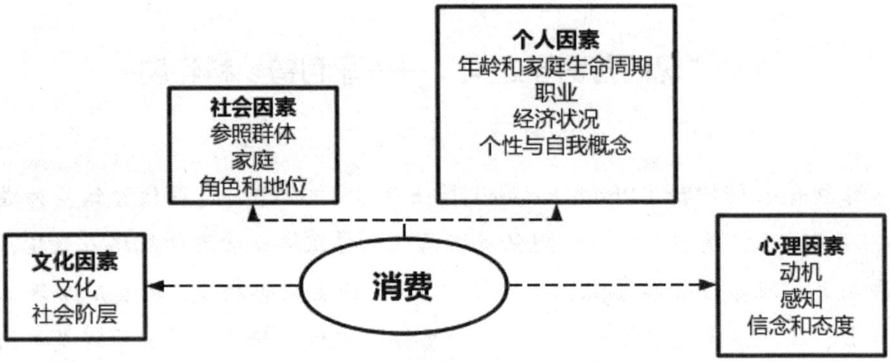

图 4–5 消费者购买行为的影响因素

1. 文化因素

（1）文化

广义的文化（culture）是指人类所创造的一切物质文明和精神文明的总和。具体来说，文化是在一定的物质、社会、历史传统基础上形成的价值观念、道德、信仰、思维和行为方式的综合体。每个人都处在一定的文化环境中，通过潜移默化的方式形成了基本的文化观念。从文化的层面来看，对中国消费者行为影响最大的文化价值观主要有以下方面。

以“根”为本的文化：重家、族、国；生命的延续；望子成龙、光宗耀祖。

中庸文化：阴阳平衡的行为导向；福祸相依。

关系文化：礼尚往来，来而不往非礼也。

“和”文化：和谐、和气、和睦、和平；天时、地利、人和。

面子与从众心理：有脸有面；群体舆论。

礼与地位：儒家强调举止行为与地位要一致。

这些文化价值观形成了中国消费者独特的消费行为。例如，在“根”文化影响下，消费者经常会超越经济能力进行购房消费、对下一代的教育投资、对上一代的祭祖消费等。面子消费也是中国消费行为一大特点，为了追求面子，消费者互相攀比，或者进行炫耀性消费。这都是由中国独特的文化造成的。

文化的不同还影响商业银行分支机构的设立。例如，在拥有大量外国移民的国家，在移民集中的主要城市有专门为满足本国人的需求所服务的金融机构。在英国，存在着上百家小的银行分支结构，其中有一些即为了迎合不同文化群体的需要。

（2）社会阶层

社会阶层（social class）是由于价值观、信仰、学识、职业、收入、权力与地位等因素的差别所形成的社会等级。在不同的社会中，由于文化的差异，社会阶层的划分方法和标准也各不相同，社会阶层一般难以用单一的指标进行划分。在现代社会中，收入、职业和受教育程度是划分社会阶层的重要因素。金融营销者重视社会阶层因素，是因为人们的生活态度、消费行为、投资方式等与其所处的社会阶层密切相关，并表现为同一社会阶层的相似性和不同社会阶层的差异性。

陆学艺在《当代中国社会阶层研究报告》中认为，现阶段中国主要存在10个社会阶层（见表4-1），当然，随着中国经济的发展，社会阶层的划分可能会有些不同，特别是不同阶层所占比例发生了不小的变化，但这是近年来第一次系统性地对我国社会阶层进行划分，对于营销人员来说具有很大的借鉴意义。

表4-1　当代中国10个社会阶层

层级	名称	占比（%）
第一层	国家与社会管理者阶层	2.1
第二层	经理人员阶层	1.5
第三层	私营企业主阶层	0.6
第四层	专业技术人员阶层	5.1
第五层	办事人员阶层	4.8
第六层	个体工商户阶层	4.2
第七层	商业服务业员工阶层	12.0
第八层	产业工人阶层	22.6
第九层	农业劳动者阶层	44.0
第十层	城乡无业、失业、半失业阶层	3.1

例如，较低社会阶层的人趋向于借入资金供个人使用，而社会阶层高的人则趋向于为消费以外的其他目的借入资金，如公司贷款、提高家庭生活质量的贷款等。不同的阶层对信用卡的使用持不同态度。社会阶层越高的人越倾向于将信用卡作为方便的支付工具，而社会阶层越低的人越倾向于用信用卡作为消费信贷。

2. 社会因素

人们在作出购买决策时，一般乐于听取所信赖之人的意见来降低风险，并从了解他们的想法和行为中获得慰藉。因此，消费者购买行为会受到参照群体、家庭、角色和地位等一系列社会因素的影响。

（1）参照群体

个体是社会的基本组成单元，归属于社会中的各种群体。其行为既受所属群体成员的直接影响，也受与其相关群体的间接影响，因此，那些对金融客户行为有直接或间接影响作用的群体统称为“参照群体”（reference group）。参照群体或是与金融消费者有着广泛联系，或是令金融消费者心驰神往，或是在社会生活中具有影响力。参照群体一般分为主要群体、次要群体两种。

主要群体是指与金融消费者在生活和感情上联系比较密切的群体，如家庭、朋友、同事等。主要群体成员的态度、行为、习惯往往对客户有着直接、深刻、强烈的影响，攀比、跟风、从众等心理现象通常发生在主要群体中。引导案例中的买金行为即在主要群体跟风心理影响下做出的购买行为。

次要群体是指金融消费者可能接触和参与的各种社会组织，如党派、学会、社会团体、工作单位等，一般属于正式团体。次要群体凝聚力较小，感情联络不如主要群体密切，对金融消费者行为的影响也比较间接。次要群体的影响力主要与地位、尊严、社交等因素相关。比如，在许多学习兴趣小组或者社群活动中宣传户外活动意外保险产品，更容易在社交需求的驱使下促成交易。

对金融消费者而言，主要群体成员通常是其金融交易决策的直接参与者或建议者，次要群体则会在金融信息方面发挥重要作用。

（2）家庭

家庭（family）是社会的基本单位，也是社会中重要的消费者购买组织，对人们的价值观、人生态度和购买行为有着强烈的影响。营销人员更加关注家庭中丈夫、妻子和孩子对不同产品购买时所产生的影响。

对于不同的产品类别来说，在购买的不同阶段，夫妻的参与程度有很大的差别。电子产品和汽车在设计时更加关注男性的习惯和需求，但是随着女性在相关产品中扮演决定性的角色，越来越多的产品变得更“女性化”和“温柔”。例如，LG电子推出的一些新手机根据女性的手臂长度调整了相机的自动对焦功能。实证研究显示，对于第一次开立银行账户的学生来说，父母的影响仅次于银行网点地理位置的影响，居第二位。学生离家越近，他们接受父母为其选定的银行开户的可能性就越大。因此，购买者越年轻，他们的购买决策受到父母影响的可能性就越大。

（3）角色和地位

一个人在社会中扮演诸多角色，如家庭、社会及各种组织等，每个人在群体中的位置可以用角色和定位（roles and status）来定义。角色是周围人期望一个人履行的所有职责的构成。比如，一个人在孩子面前是父亲，在妻子面前是丈夫，在公司中可能是经理。因此，在作出购买选择时，人们往往会考虑自己的角色和地位，而不同的角色和地位可能导致不同的购买行为。金融机构必须善于识别这些差异，能够针对这些特定的细分市场进行区分，以更好地利用购买者的社会地位和角色因素。

3. 个人因素

除文化因素和社会因素这些外在因素会对消费者购买行为产生影响外，消费者自身的一些内在特征也会产生影响，特别是年龄和生命周期、职业和经济状况、生活方式、个性和自我概念等。

（1）年龄

消费者的年龄（age）会对消费者购买行为产生明显的影响，是决定其需求的重要因素。在童年阶段，人们更关注玩具；青少年阶段关注时尚和娱乐；成年阶段会关注房产、家具和子女教育；而在老年阶段，则更加关注保健品。由于金融产品的特殊性，除了保险公司和一些信贷机构（如提供教育信贷的机构），金融企业通常主要关注有稳定收入来源且有一定闲置资金的成年人。

阅读拓展

63.7% 消费金融用户在 35 岁以下

根据《2021 消费金融数字化转型主题调研报告》，在 1 万个受访者中，信用卡和消费金融产品的用户为活跃在新一线和二线城市、受过大专和本科等高等教育、在企业就职的中等收入人群，普遍呈现出年轻化态势，这部分人群的家庭最大固定支出是日常消费。

其中，信用卡 App 用户月活已超过 9000 万人，其他消费金融 App 用户月活超过 4000 万人，支付、生活服务、交通出行、娱乐消费等是信用卡和其他消费金融产品用户的高频应用场景。

从消费金融用户年龄分布来看，35 岁以下用户占比达到 63.7%，其中 25~35

岁年龄段占比达 51.4%。

（2）职业与收入

由于从事不同职业的人在兴趣爱好、生活方式、思维方式、消费习惯等方面存在一定的差异，因此对参与金融运作的愿望、产品信息的了解、经营风险的认知也有所不同。金融营销者应当明确自己的产品所主要针对的目标消费群体的职业特点，掌握其职业习惯、生活方式、消费方式以及所接触的传媒类型等，以使营销工作有的放矢。

消费者的收入水平与其职业相关，收入是金融需求的重要决定因素。金融销售者应详细了解所服务的目标客户群体的收入水平和消费结构，研究其投资与储蓄意向，特别是闲置资金量及其使用意向，从而充分挖掘营销潜力。

（3）个性和自我概念

个性是指使一个人或一群人区别于其他人或群体的独特心理特征的总和，它导致相对一致和持久的反应。例如，喜欢冒险的消费者容易受广告的影响，成为新产品的早期使用者；自信的或急躁的人购买决策过程较短；缺乏自信的人购买决策过程较长。

自我概念则是指对自我的看法。它是理解消费者行为的一个很重要的概念，因为人们总是购买有助于强化自我概念的品牌和产品。例如，当商业银行推出网上银行服务时将其服务定位为“精力充沛”的客户群体，那么自诩为生活节奏快且精力充沛的客户会积极尝试采用，借以树立自我概念。

4. 心理因素

消费者的购买决策还受到心理因素影响，而其中最主要的则是前文我们提及的动机，这里不再赘述。

以上文化、社会、个人、心理等方面的因素，是影响消费者购买行为的主要因素。其中一些因素，如年龄、性别、职业等，对金融营销人员来说是不可控的。但了解这些因素，可以使企业更好地筛选出符合自己产品的消费群体，也为制订营销策略组合提供依据。而对于购买动机，金融营销者可以制订相应的策略，在一定程度上进行诱导消费。

三、金融产品消费者购买决策过程

在分析了影响购买者行为的主要因素后，还需了解消费者如何真正作出购买决策。

如图 4–6 所示，金融消费者购买决策由以下五个阶段构成。当然，在日常生活中，并不是所有的消费行为都会完全遵循所有的阶段，尤其是对于一些习惯消费而言，消费者是不需要进行信息收集的。但是对于金融产品来说，任何一个环节都不可或缺。

图 4–6　消费者购买决策过程

1. 需求识别（need recognition）

购买者的需要往往由两种刺激引起，即内部刺激和外部刺激。例如，通胀或通缩的时候，大家会基于保值、增值的动机而产生投资理财的内心需求，这是内部刺激。在这个阶段，金融企业所能做的就是加强对消费者的刺激，以激起消费者购买的动机和欲望，这就是外部刺激。但要注意两个方面的问题：一是注意了解那些与本企业的产品实际上或潜在的有关联的驱使力；二是注意消费者对某种金融产品的需求强度会随着时间的推移而变动，而且被一些诱因触发。

2. 收集信息（information search）

一般来讲，引起的需要不是马上就能满足的，消费者需要寻找某些信息。尤其是金融客户，金融决策一般属于复杂问题，那么金融消费者需要收集的信息就更多，诸如宏观经济形势、金融企业的信誉、财务状况等。而缺乏可靠的信息，金融消费者是不会轻易作出决策的，因此，信息收集是金融客户决策过程的一个重要阶段。为了顺利做好金融销售工作，实现企业经营目标，金融销售人员应充分了解以下两个方面的信息：其一是金融客户的信息收集渠道，即金融信息的主要来源；其二是各种不同信息对于金融客户的决策过程将会产生怎样的影响。金融客户的信息来源主要有以下四个方面。

一是个人来源，包括家庭、朋友、同事或其他熟人。

二是商业来源，包括一切商业性传媒，如广告宣传、推销人员、金融咨询服务等。

三是公共来源，主要是各种大众媒体、会议新闻、政府机构等。

四是经验来源，即源于客户参与金融交易运作的切身经验体会等。

思考一下

请思考一下，在现实生活中，你接触最多且觉得可信度更高的信息来源是上述哪一种呢？

3. 评价方案（alternative evaluation）

当收集了相对足够多的金融信息后，消费者会如何处理这些信息呢？这是一个十分复杂的问题。以下四个方面既是金融消费者评价的主要内容，也是其评价的一个基本过程。

（1）金融产品的属性

在第一节我们学过，满足需要是金融消费者选择金融产品的基本出发点。而能否满足需要，取决于金融产品自身的属性，如收益、风险、便利、流通等性质。不同的产品其自然属性也不尽相同，那么对于不同的消费者来说，自然在选择上会优先考虑符合自己预期的产品。

（2）金融消费者的认知

尽管金融产品的属性多种多样，但消费者对每种属性的需求程度是不一样的。就好比任何人都是看中收益与风险的，但并不是所有人都可以为了收益无视风险，甚至说，看见“风险”二字，便直接放弃投资。这就涉及认知的问题了。金融营销者则需要根据不同客户的偏好，有针对性地宣传产品属性，从而提高其认知水平。

（3）金融品牌的形象

不同金融企业的产品在消费者心中具有不同的品牌形象，而这种形象的形成是一个长期的过程，应力求避免可能产生的偏差、扭曲。

（4）评价程序

由于金融产品的特殊性，理想型的金融产品（俗话说的“包赚”）基本是不存在的，因此实际的金融产品必然和理想中的存在差距，因而消费者的选择过程便是寻找他们认为与理想产品差距最小的实际产品。其中包括但不限于综合期望值比较法和差距水平值比较法，此处便不再展开。

一旦金融消费者的选择依照上述模式进行，那么处于劣势的金融产品应当怎么办呢？金融企业应该从以下五个方面开展营销活动。①改进产品设计，以使产品接近或符合金融消费者理想产品的要求，力争“实际再定位”。②增加属性权值。具体方法是多宣传产品优势属性，以达到说服消费者的目的。③改变品牌信念。消费者通常会信赖知名的金融品牌，因而金融企业可以采取一些改变消费者品牌信念的办法，通过多宣传本企业及产品的长处，以形成“心理再定位”；或者改变消费者对竞争品牌的信念，如运用比较广告以实施“竞争反定位”。④提醒金融消费者注意被忽视或被遗忘的重要属性。⑤降低金融消费者心中对于理想产品的评判标准。

4. 购买决策（purchase decision）

方案评估会让消费者形成参与金融交易的意图，但最终是否会按照原有的想法进行交易，还具有很大的不确定性，而这种不确定性，则是来自上一节我们所讲的一些影响因素，诸如受亲戚、朋友等态度的影响，或被竞争企业说服，抑或受到偶然因素干扰，最终导致放弃原先的选择。

5. 购后行为（post-purchase decision）

金融消费者对交易结果是否满意的评价也是影响其今后是否继续参与相关金融交易的重要因素。以金融投资为例，其事后评价的主要内容包括收益率、实际风险损失（收益）、金融企业的履约情况、服务质量等。除短期的套利交易外，大多数金融交易活动从交易达成到最后履约有一定的期限，短的以周、旬、月、季计，长的则达一年甚至十年。对于交易品种的合同期限达一年以上的客户而言，还应包括在这一长期等待过程中对各种因素的关注和评估，因为这类产品所承担的风险更大。为了减少消费者的顾虑，金融营销者应当通过定期沟通方式以增强其信心。同时，还应采取一些措施分散和化解风险，或者给客户以转换交易品种的选择权等。总之，在这一阶段，需要金融企业对客户多做一些相关咨询和服务工作。

金融思政

攒钱不如攒金豆？别盲目跟风

“攒钱不如攒金豆”“买基金不如买金豆”。近期，“金豆豆成年轻人理财新宠”登上社交平台热搜，类似言论点赞量颇高，吸引诸多“90后”“00后”加入“囤金”一族。攒金豆划算吗？靠谱吗？要拉直这些问号，我们还需做些功课。

金豆豆通常是指重量在1克左右的黄金，普遍售价在400~600元。2022年，受国际局势变化等多重因素影响，市场避险情绪升温，黄金价格上涨。相比其他理财产品，一颗颗圆溜溜、金灿灿的金豆子，购买门槛低、储存不会坏、保值价值高，的确非常吸引人的眼球。加上传统理财方式升值空间有限，股票、基金波动大、收益不稳定，金豆豆突然蹿红有其必然性。

然而流行的未必是适合的。在理财新宠金豆豆的光环之下，至少隐藏着三大盲区。

盲区一，溢价明显。搜索一些头部平台可见，质量1克的金豆豆，价格超过五六百元的比比皆是。某品牌“第1桶金系列攒金豆”产品，券后价高达每克578元，远高于同期中国黄金投资金条的每克416元。金豆豆一类产品不需要什么复杂工艺，加工成本较低，售价理应接近实时原料金价，否则投资价值无疑将大打折扣。

盲区二，成色难辨。正规的品牌金会明确标注重量和成色，网络平台则良莠不齐，对于小金豆的成色、质量、克数要求都不是非常规范，缺少权威发行机构背书。有媒体披露，某网友跟风买“千足金”的金豆豆，拿到黄金柜台验证时却被告知成色不足，即便柜台回收，也仅能给低价。金豆豆热销背后不乏商家营销的推波助澜，随意购买容易遭遇鱼目混珠，这点不可不防。

盲区三，变现有门槛。诚然黄金是避险资金的好去处，但越是盈利空间巨大的投资，风险越大，一旦市场行情发生回调或反转，投资者反应不及时就容易引发亏损，所以黄金投资的买卖时机很关键。另外，希望获取黄金价差收益的人都打算等金价涨起来就换成现金，可店铺回收黄金会收取差价，验明成色质量，即便金价没有跌，买家也未必能赚到钱。

现在的年轻人“玩黄金”的方式花样百出：“攒金豆”、5G硬金、古法黄金、直播间购买金饰……但归根结底，其实质仍是黄金理财。既然理财就需要掌握一些基本技能。比如，弄清楚金豆豆和首饰金的区别，学会分析涨跌的技巧，了解仓位管理的科学方法，设定盈利和止损线等，如果完全不懂，最好不要盲目跟风。

一言以蔽之，投资有风险，理财需谨慎。理性攒金豆，保持平常心，才能守好自家“钱袋子”。

思考一下

回想一下，你是否做过盲目跟风的购买行为?

知识点测试

（一）选择题

1. 从金融消费者行为的需求模式中我们知道，（　　）是动机产生的最根本原因。

A. 未满足的需求　B. 欲望　C. 行为　D. 目标

2. 在消费者购买行为模式中，（　　）是营销人员最感兴趣，但又无法完全认识的领域。

A. 外界刺激　B. 消费者黑箱　C. 消费者反应　D. 零售商选择

3. 影响消费者购买行为的主要因素不包括（　　）。

A. 文化因素　B. 社会因素　C. 个人因素　D. 心理因素

4. 按金融交易量划分，金融消费者可以分为（　　）。

A. 大户　B. 多户　C. 散户　D. 小户

5. 消费者个人信息来源不包括（　　）。

A. 家庭　B. 朋友　C. 同事　D. 推销员

（二）简答题

1. 按金融交易主体划分，金融客户的分类有哪些?

2. 金融消费者行为的影响因素有哪些?

3. 文化因素对个人消费者的市场购买行为会产生哪些影响?

4. 金融消费者在决策过程中的主要评价依据有哪些?

课中实训

实训一：分析消费者购买动机

实训目标：

学生能通过小组合作的形式，通过市场调研，初步尝试了解不同消费者对于购买金融产品时的需求与动机，帮助学生更好地了解消费者的购买欲望。

任务描述：

金融产品销售是金融运转的核心。因此，要想成为一名合格金融产品销售，除了了解产品本身，了解市场中的各类消费者也是尤为重要的。

任务要求：

以小组为单位，围绕着当前金融的主流消费者进行市场调查（可问卷），梳理不同消费人群（可根据上述分类情况自行分类，亦可自己尝试不同的分类，言之有理即可）对于购买同一种（小组之间可以不同）金融产品的动机和需求。最后将任务的成果填写在表 4–2 中：

表 4–2　金融消费者调研

金融消费者	购买动机
A 类：	
B 类：	
C 类：	
D 类：	
E 类：	

实训二：分析消费者购买行为模式

实训目标：

学生能通过小组合作的形式，基于“实训一”的任务结果，判断被调研的消费人群最有可能因为什么放弃此次购买行为，并结合课本内容思考销售策略。这个实训让学生掌握分析消费者购买行为的基本应用能力。

任务描述：

分析消费者购买行为模式有助于规避不当的销售策略。因此，针对上一任务调研的结果，学生可以进一步应用该理论，分析可能会影响消费者行为的原因，为后续制订销售策略提供依据。

任务要求：

以小组为单位，围绕着上一任务的产品调研结果，结合消费者行为理论，小组讨论后判断被调研的消费人群最有可能因为什么放弃此次购买行为。然后，假设自己是此次金融产品的销售经理，并为此次销售提出宝贵的建议，最后将建议填写在表 4–3 中。

表 4–3 根据行为模式提出销售建议

金融消费者	任务成果（优化建议）
A 类：	
B 类：	
C 类：	
D 类：	
E 类：	

实训三：分析消费者购买决策过程

实训目标：

学生能更深入地了解金融消费者的具体决策行为，并能根据所掌握的信息，对不同人群进行个性化销售策略规划。这个实训能够让学生看到金融销售行业的轮廓。

任务描述：

尝试制订完整的销售策略是每一个金融营销人员必不可少的技能。因此，针对上一任务调研的结果，学生还需要更深入地去了解调研对象，为后续制订销售策略提供依据。

任务要求：

以小组为单位，建议继续深入调研，了解调研对象的决策过程，并假设此次调研对象即为今后的客户群体，尝试初步撰写营销策略，最后将任务的成果填写在表 4–4 中。

表 4–4 今后的销售策略计划

金融消费者	销售策略
A 类：	
B 类：	
C 类：	
D 类：	
E 类：	

课后提升

案例研读

郁金香泡沫案例

“郁金香泡沫”是人类历史上第一次有记载的金融泡沫。16世纪中期，郁金香从土耳其被引入西欧。不久，人们开始对这种植物产生了狂热情绪。到17世纪初期，一些珍品被卖到了不同寻常的高价，而富人们也竞相在他们的花园中展示最新和最稀有的品种。到17世纪30年代初期，这一时尚导致了一场经典的投机狂热。人们购买郁金香已经不再是为了其内在的价值或作观赏之用，而是期望其价格能无限上涨并因此获利（这种总是期望有人会愿意出价更高的想法，长期以来被称为投资的“博傻理论”）。

17世纪上半叶，由于郁金香被引种到欧洲的时间很短，数量非常有限，因此价格极其昂贵。在崇尚浮华和奢侈的法国，很多达官显贵家里都摆有郁金香，作为观赏品和奢侈品向外人炫耀。1608年，就有法国人用价值3万法郎的珠宝去换取一支郁金香球茎。不过与荷兰比起来，这一切都显得微不足道。

当郁金香开始在荷兰流传后，一些机敏的投机商就开始大量囤积郁金香球茎以待价格上涨。不久，在舆论的鼓吹之下，人们对郁金香表现出一种病态的倾慕与热忱，并开始竞相抢购郁金香球茎。1634年，炒买郁金香的热潮蔓延为荷兰的全民运动。当时1000元一朵的郁金香花根，不到一个月后就升值为2万元了。1636年，一株稀有品种的郁金香竟然达到了与一辆马车、几匹马等值的地步。面对如此暴利，所有的人都冲昏了头脑。人们变卖家产，只是为了购买一株郁金香。就在这一年，为了方便郁金香交易，人们干脆在阿姆斯特丹的证券交易所内开设了固定的交易市场。正如当时一名历史学家所描述的：“谁都相信，郁金香热将永远持续下去，世界各地的有钱人都会向荷兰发出订单，无论什么样的价格都会有人付账。在受到如此恩惠的荷兰，贫困将会一去不复返。无论是贵族、市民、农民，还是工匠、船夫、随从、伙计，甚至是扫烟囱的工人和旧衣服店里的老妇，都加入了郁金香的投机行为中。无论处在哪个阶层，人们都将财产变换成现金，投资于这种花卉。”1637年，郁金香的价格已经涨到了骇人听闻的水平。与上一年相比，郁金香售价总涨幅高达5900%！1637年2月，一株名为“永远的奥古斯都”的郁金香售价高达 6700 荷兰盾，这笔钱足以买下阿姆斯特丹运河边的一幢豪宅，而当时荷兰人的平均年收入只有 150 荷兰盾。

就当人们沉浸在郁金香狂热中时，一场大崩溃已经近在眼前。由于卖方突然大量抛售，公众开始陷入恐慌，导致郁金香市场在 1637 年 2 月 4 日突然崩溃。一夜之间，郁金香球茎的价格一泻千里。虽然荷兰政府发出紧急声明，认为郁金香球茎价格无理由下跌，劝告市民停止抛售，并试图以合同价格的 10% 来了结所有的合同，但这些努力都毫无用处。一个星期后，郁金香的价格已平均下跌了 90%，而那些普通的品种甚至不如一个洋葱的售价。绝望之中，人们纷纷涌向法院，希望能够借助法律的力量挽回损失。但在 1637 年 4 月，荷兰政府决定终止所有合同，禁止投机式的郁金香交易，从而彻底击破了这次历史上空前的经济泡沫。

思考一下

请运用“影响消费者购买的主要因素”相关知识点，结合该案例，分析有哪些因素影响了此次金融交易行为，具体是如何产生影响的。

知识梳理与归纳：（请绘制本项目的思维导图）

思考总结与心得分享：

项目五

识别与接触客户

知识目标

· 了解如何识别与寻找潜在客户。
· 明确约见客户的意义与原则。
· 掌握如何激发客户需求。

能力目标

· 能够通过多种方式约见客户。
· 能够解释清楚激发需求的步骤、方法和技巧。

素养目标

· 具有团队精神和协作能力，小组共同完成任务。
· 具备良好的沟通交流能力，能够有效表达观点并制作汇报 PPT。

思政育人目标

· 训练严谨细心的工作态度。
· 培养独立思考和创新的能力。

引导案例

个人养老金账户

如图 5–1 所示，我国目前的养老有三大支柱：靠政府、靠金融机构以及靠个人。其中，个人养老金属于第三支柱：自己出钱，给自己未来的养老做准备。

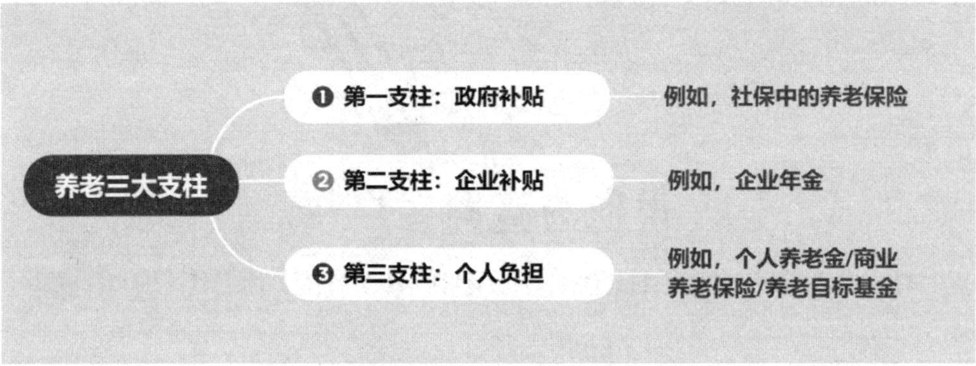

图 5–1 养老三大支柱

通过银行，开个专门的个人养老金账户，每年往这个账户里存一些钱，用这些钱来购买理财产品、商业养老保险、公募基金，让资金增值，等到退休后，就可以把账户里的钱领出来，补充养老所需了。个人养老金制度推行初期并没有在全国范围开展，而是只选了 36 个城市做试点。2023 年 5 月 25 日，国家金融监督管理总局提出“拟将专属商业养老保险由试点业务转为常态化业务”。个人养老金政策刚刚出台时，各大银行为争抢个人养老金市场“蛋糕”，推出“开户大礼包”等福利活动。时至现在，还有不少银行会通过各种渠道开展“开户活动”。比如，上海银行给出了 50~500 元微信立减金的抽奖活动，中国建设银行推出了开户奖励微信立减金等活动。

思考一下

你了解个人养老金账户吗？你知道在哪些金融机构可以进行个人养老金账户开户吗？

各个金融机构为什么会给予开户人员数额不小的奖励？目的是什么？

课前自学

一、识别与寻找潜在客户

寻找潜在客户，即寻找可能的买主或销售对象，是整个销售过程的第一步。俗话说，“巧妇难为无米之炊”，对于任何一名新的销售人员来说，都面临着相同的一个问题，那就是找到客户，把产品或服务销售出去。识别和寻找潜在客户，是销售中非常重要的一环。

（一）潜在客户的含义

潜在客户，即准客户，是指具有购买某种商品或服务的潜力，同时具备相应支付能力的个人或组织。他们属于目标市场中那些有购买需求、购买能力和购买决策权，但由于各种原因（如对产品不了解）尚未成为现实客户的购买者。寻找潜在客户的工作从寻找有可能成为潜在客户的个人或组织开始。在销售金融产品的过程中，金融机构需要不断寻找新的潜在客户，因此准备潜在客户清单并预测新客户的销售贡献，进一步设计接触方案。潜在客户既是金融机构争取的对象之一，也是客户管理的重点之一。持续补充新客户有助于稳定客户队伍，同时有利于明确销售目标并提高销售工作的效率。

传统金融行业依托网点经营模式已发展几十年了，然而在经济下行、利率市场化和互联网金融、大数据产业迅猛发展的背景下，银行的利差收入严重缩水。在这种情况下，银行正在加大创新，并逐步进行转型。特别是为促进移动互联网业务发展，许多银行设立了二级部门网金部，并设立了业务、运营、数据管理等子部门。刚开始成立时，他们的首要任务通常是获取新客户，并提升现有客户的价值。

对于银行来说，虽然不像券商那样依赖市场波动，但受小微信贷、移动互联网理财、支付金融等方面的冲击非常大。银行的存款资金严重流失，人们更青睐投资收益高于银行数倍且转账便捷的其他平台。银行重点发展零售业务，打造个人理财管理平台，其中包括 T+1 灵活理财、定期理财、黄金交易和支付等业务。其目的是通过提供较高的收益和多元化业务来减少客户流失，并通过银行的资金安全来吸引新客户。

同时，对于券商而言，在 2015 年的牛市时，每天开设的新账户数量高达几万人。然而，当股市陷入长期低迷时，即使投入大量资金吸引来新客户也很难取得良好效果。相反地，发现活跃用户逐渐减少、账户资金减少后，券商开始思考如何避免客户流失以及如何挖掘客户的最大价值。

（二）寻找潜在客户

寻找潜在客户的过程需要首先了解销售产品的基本功能和特点，以及金融机构的目标市场范围。根据产品特点和金融机构要求，明确成为销售产品目标客户的基本条件和特征。根据销售活动可行性研究的结果，明确符合条件的潜在客户的大致范围。其次，运用各种方法在事先确定的范围内寻找具体的潜在客户。最后，根据寻找结果整理潜在客户资料，为客户资格审查做准备。

寻找潜在客户的基本思路是由近及远、先易后难。首先，在自己的熟人圈中寻找销售机会；其次，请现有客户介绍新客户；最后，在更广阔的范围内寻找，即从市场调查走访中找到准客户。

由图 5–2 可知，寻找潜在客户的途径包括从金融机构内部获取有关潜在客户的信息资料，即内部检索。一般可以查阅客户名册和销售记录、财务部门的相关付款记录、公关部门的公众名单、客户关系管理数据库以及服务部门的客户服务档案等。也可以通过已有客户来挖掘潜在客户，即外部调查。对象可以包括私交熟人、现有客户、社会组织、文献资料以及互联网等。走访和市场调查也是常用的方法之一，通过这些手段可以开发潜在客户。

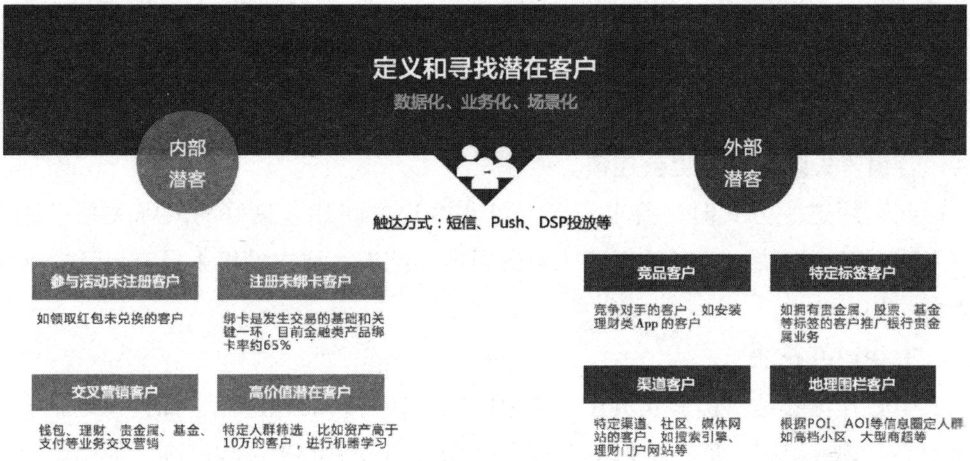

图 5-2 潜在客户分类

1. 普遍走访寻找法

普遍走访寻找法又叫“地毯法”“逐户寻访法”，是指销售人员直接走访某一特定区域或某一特定职业（行业）的所有个人或组织，以寻找潜在客户的方法。这一理论依据是平均法则，潜在客户的数量与走访的人数成正比。要想获得更多的潜在客户，就要访问更多的人。一般适用范围是对销售对象一无所知或知之甚少的销售区域或领域。

普遍走访寻找法的优点有：借此调查市场，客观全面了解需求；扩大金融机构的影响，提高产品知名度；积累经验，培养和锻炼销售人员；做好准备可增加更多的新客户。这种方法也有一些不足，表现为盲目性高、效率低；容易导致客户与销售人员之间的对立情绪，常见的有对“扫楼”销售人员的歧视行为等。

在进行地毯式访问时，销售人员应注意两点：一是挑选一条合适的“地毯”，即要确定出击的商圈；二是为了得到被访者的合作，走访前最好事先与之联系，避免突然到访无法约见让对方产生逆反心理。

2. 连锁介绍法

连锁介绍法是指销售人员请求现有客户（或未成交客户）介绍他认为有可能购买产品的潜在客户的方法，以建立一种无限扩展式的链条。在转介绍的过程中客户之间建立起一种无限扩展式的链条。关键是取信第一个客户，并请求引见其余的客户。

这种方法中情感、口碑在介绍过程中起到了关键性的作用。连锁介绍法的优点体现在扩大了寻找准客户的范围，因为转介绍的客户正好有同样的需求；可以避免销售人员寻找客户的盲目性；成功率比较高。同样，连锁介绍法也有一些缺点，体现在销售人员比较被动；难以充分准备，对销售人员的个人素质要求比较高；若销售失败，同样也会连锁。

在运用这一方式时，要求销售人员和客户之间建立良好的人际关系；让介绍人感到轻松愉快；适时适当地感谢或回报介绍人；要求销售人员有灵活应变的能力。

3. 中心开花法

中心开花法是指销售人员在一个地区或社区有目的地选择一批有一定影响力的中心人物或组织，取得他们的信任和帮助，通过他们来影响周围其他的客户使其成为自己的准客户。

理论依据是社会学中的“顺从”理论。社会顺从（social conformism）理论是由社会学家拉扎斯菲尔德和默顿提出的。主要观点是认为在如今的社会下，商业体制已经占据了主要地位，而在此体制下的传媒产品的制作将服从于商业利益，被灌输进商业的意识形态，即追求商业利益的公司支配了媒介，媒介反过来也支持公司。媒介中的广告和节目内容也都体现了这一支持。然而这仅仅是个前提，社会顺从就是在这一前提下被表达出来的，媒介通过自己表述的和没有表述的东西将顺从表达出来，尤其是没有表达社会结构性问题，这就“限制了那种真正具有批判性的观点的发展”。敏感的社会问题被在经济压力下的媒介抛弃，媒介顺从商业界，进而导致观众缺乏批判精神，也产生顺从。

因此需要找到核心人物愿意合作。一般适用的对象是时尚商品和无形产品等。中心开花法的优点体现在能节约时间和提高产品知名度，扩大影响。中心开花法的缺点体现为难以确定中心人物，一旦失败可能损失很多客户。

4. 个人观察法

个人观察法也叫“直观法”，它是指销售人员根据自身对周围环境的直接观察、判断、研究和分析，寻找准客户的方法。

个人观察法的优点有面对现实和市场时，能扩大视野，可能发现新客户；帮助销售人员提高能力和经验。个人观察法的缺点体现为因为受销售人员个人素质和能力的影响，主观性较强，失败率高。

5. 委托助手寻找法

委托助手寻找法（猎犬法）是销售人员雇佣一些其他人员（如新销售人员、

其他销售人员等）寻找客户，自己则集中精力从事实质性的销售活动的方法。

委托助手寻找法的优点是能把时间集中在有效的销售工作上；节约费用；不断发现新客户；扩大社会影响。委托助手寻找法的缺点则是合适的助手难找；金融机构比较被动，不利于市场竞争；必须对推广人员进行培训，这会增加一定的费用和精力等。

6. 广告开拓法

广告开拓法指销售人员利用广告媒体来传播销售信息，寻找新的客户的方法。利用广告开拓法的关键是选择好广告媒体。主要手段为邮寄广告或商品目录、电话、电子商务、电视、广播、报纸、杂志、户外媒介等。结合当前网络环境，有针对不同客户群体定制开发的专项媒体广告。一般适用于专业性、技术性较强的商品和市场需求量大、覆盖面广的商品等。

广告开拓法的优点为节省时间，提高效率；不仅可以找客户，且具有说服力。广告开拓法的缺点为广告媒介的选择不易，如果选择不当会造成极大浪费；有些金融产品不宜或不准采用广告开拓法；大多数难以测定实际效果。

7. 关系拓展法

关系拓展法指销售人员利用自身与社会各界的种种关系寻找准客户的方法。一个人的关系网络包括同学关系、师生关系、同事关系、上下级关系、亲属关系、老乡关系等。其适用范围主要是寻找日用消费品的准客户。例如，微商行业和私域行业，或者微型的以社区为基础的团购群组等。

案例阅读

朋友圈关系拓展：点赞之交挖掘潜在客户

小王是平安保险代理人，也是一名社交达人。他工作认真细致，同时工作之余经常刷各种社交平台，自己的销售业务也主要围绕线上朋友圈开展。

当销售人员小王与潜在顾客相互添加微信后，他会将这个顾客标注为“重点关注”。当顾客在微信朋友圈发布内容后，小王会及时点赞，并在评论区留言。他的留言通常以“赞”开头，以“问”结尾，这样顾客往往会在朋友圈上与他互动。每天早上，他会发一句问候语，节假日也会发送祝福内容。通过在线沟通与顾客建立了良好的互动关系后，小王再通过电话预约见面，成功率往往很高。

思考一下

在你朋友圈里是否有像小王一样的“点赞之交”？是否与你有过互动？你觉得社交互动的效果如何？

8. 资料查阅法

资料查阅法是通过收集现有文献资料，以寻找可能买主的方法。查询的资料依据来源可分为内部资料和外部资料，包括金融机构名录、报纸杂志、年鉴类资料、产品目录、专业团体、会员名册等。资料查阅法的优点是省时、节约费用；减少工作的盲目性，比较可靠。资料查阅法的缺点是时效性较低，有很多客户查不到。

以上方法是销售人员实际销售中经常使用的，此外还有聚集场所寻找法、竞争对手分析法等。每种寻找法都有一定优点和缺点，在具体的销售活动中，销售人员往往根据实际情况，综合各种方法的优点，同时采用多种方法来寻找准客户。

（三）客户资格审查

在找到潜在客户之后，金融机构会有一些疑问：潜在客户是否有需求欲望？潜在客户是否有购买能力？潜在客户是否有决定购买的权力？潜在客户是否有购买资格？为了解答这些疑问，需要对客户进行资格审查。

1. 客户资格审查的内容

客户资格审查是销售人员根据产品的特征、对潜在客户进行全面衡量和评价，筛选出合格客户并准备进一步沟通的过程。

对客户资格的审查，实质上是对客户购买资格的审查。除了可以确定对方是否为真正的准客户之外，另外一个目的是对准客户实行良好的客户管理制度。客户资格审查，也叫“客户评价”，是对已经选定的潜在客户群体进行评审。客户资格鉴定内容包括客户的财力（Money）审查、权力（Authority）审查和需求（Need）审查这三项。

所以，客户资格审查也叫“M·A·N”法则，即：

有效客户 = 购买力 + 购买决策权 + 购买需求

审查的目的是发现真正的产品销售对象，避免徒劳无功的销售活动，确保销售人员将销售工作落到实处。可使销售人员节约大量时间，提高客户的购买率和增加客户的购买数量，提高销售人员的工作业绩。

他山之石

钓鱼的第一条规则是，在有鱼的地方钓鱼。钓鱼的第二条规则是，记住第一条规则。

——查理·芒格

2. 客户资格审查的方法

（1）客户购买需求的鉴定

事先确定潜在客户是否真的需要所推销的产品，鉴定内容围绕是否需要、何时需要、需要多少等问题来进行。

客户需求多种多样，极富弹性，生产资料的购买有时要邀请有关专家来做鉴定。经过鉴定后，若发现自己所推销的产品无益于该客户，不能适应其实际需求，就不要向其推销。

（2）客户购买力的鉴定

客户购买力是客户购买产品的支付能力。客户支付能力可分为现有支付能力和潜在支付能力两种。客户潜在支付能力研究的内容主要是指组织的财务状况和个人的收入水平等能反映客户支付能力的指标。考查客户支付能力主要包括实际收入情况、支出情况和诚信度。

（3）客户购买决策权的鉴定

从现代推销学的角度看，向一个家庭或组织推销，实际是向家庭或组织的购买决策者推销。

以家庭为单位的购买行为往往由于产品类型、家庭生命周期、家庭收入水平、家庭开放程度、家庭稳定性等因素，使各个家庭的购买决策状况不尽相同。推销人员应抓住关键的决策者进行推销。

组织市场比个人市场更复杂，影响购买决策的人员类型和数量更多。组织市场带有很强的专业性，通常是理智性的采购，一般购买决策由金融机构管理者作出。销售人员必须了解其组织性质、内部结构、采购制度、规章制度、人际关系、决策系统与决策方式，掌握其内部管理者的相对权限，向有决策权的管理者推销产品。

二、约见客户并争取客户

（一）约见客户的概念、作用及原则

约见客户是指金融产品销售人员事先征得客户同意见面的过程。约见是整个销售过程中的重要环节，既是接近准备工作的延续，又是接近过程的开始。约见客户既是对客户的尊重，也是商务礼仪的基本要求。一般来说，只有通过约见客户，才能成功地接触到准客户，并顺利展开后续的商务洽谈活动。

在现代销售活动中，常见的约见方式主要有电话约见、网上约见、面对面约见、信函约见、委托约见和广告约见等。

通常，约见的主要内容涵盖了“4W”，即确定约见对象（Who），明确约见事由（Why），安排约见时间（When），选择约见地点（Where）。

（二）约见前的准备

接近客户是指销售人员为了同目标顾客开展推销洽谈，而对其进行初步的接触或再次访问，是销售人员与客户正式洽谈的前奏。

1. 客户资格审查方法

首先，要明确约见的对象是谁。约见对象必须是对购买行为具有决策权或对购买决策有重大影响的关键人物。需要考虑线索的来源渠道，是主动咨询的，还是通过活动注册的，或者是转介绍的？不同来源的客户，切入点肯定不同。

对于新的潜在客户，可以上网尽可能收集更多信息，包括基本情况、所在地区、客户行业等。了解客户的规模、组织结构、发展历程、产品和对接人的身份等信息，将这些信息全部记录下来。

在约见客户之前，需要进行资料准备。不同类型的潜在个体客户、潜在组织客户和老客户的资料准备方式各不相同。销售人员可以根据所掌握的信息建立客

户资料库，并随着与客户的深入交往不断丰富数据库的内容。

2. 确定约见事由

结实客户→沟通信息→正式推销→提供服务→走访客户

约见的目的一般都比较明确，成功的约见都有“有名”、正当、重要的理由。通常有以下几种方式结识客户：如慕名高攀、请教、市场调查等，沟通信息，正式推销，提供服务，走访客户等。

3. 确定约见时间

确定约见时间，要综合考虑各种相关因素，如客户的工作节奏和习惯、约见的目的、产品的特点、客户的职业、天气和交通的状况等。

确定约见时间应主要为客户着想，根据有效选择法确定时间，时间的安排要留有余地，并且要十分重视初次会面的时间。

4. 确定约见地点

一般可遵循“方便客户，利于推销，避免干扰对方”的原则选择恰当的约见地点。可选择的约见地点主要有客户的工作地点、社交场所、公共场所等。要注意客户的心态和所营造的气氛，地点也是影响洽谈效果的重要因素之一。

（三）约见客户的方法

在互联网时代，约见的途径和方式丰富便捷，相隔千里也可以随时视频聊天，各种实时通信的工具和软件简便又好用。

1. 电话约见

电话是一种与潜在客户沟通的非常有效的工具。使用电话沟通没有阻碍、节省时间精力，成本低廉，在单位时间内使用电话约见比面对面直接约见能接触更多的客户。电话一般在下列三种时机使用。

（1）预约与关键人士会面的时间。时间确定下来，守时非常关键。

（2）直接信函的跟进。

（3）直接信函前的提示。

在电话约见之前，准备笔、纸、计算机，确认电话设备和通话环境良好。如果害怕忘记产品参数或特性，可以打开 PPT。针对客户所在的地区和行业，准备现有案例和用例。这点用来激发兴趣，切入话题以及挖掘需求特别重要。

电话约见成功的关键是推销人员必须懂得通过电话建立自己的形象，赢得对方的好感。为此，要学习打电话的艺术，熟悉电话约见的原则，掌握电话约见的正确方法。

2. 网络约见

网络约见是指销售人员利用互联网与客户进行约见和商谈的一种方式。网络约见具有快捷、便利、费用低、范围广等优点。在中国，常用的网络约见方式包括微信（可作为电话的一种特殊方式）、QQ 等。电子邮件也属于网络约见的一种方式，根据传递内容的特点，可归入信函约见的范畴。

近年来，微信的普及度越来越高，它不仅可以作为电话约见的特殊方式，还在与客户的沟通中具有独特的作用。微信约见可以作为电话约见的替代或补充。例如，双方在电话中约定了时间和地点后，通话结束后可以通过微信再次确认。约见结束后，还可以通过微信发一条致谢消息。有时，微信约见也可用于约见新客户。例如，如果拜访一位新客户未能成功见面，可以通过微信与对方沟通，并表达希望能再次安排见面的愿望。

3. 信函（电子邮件）约见

信函包括纸质信件也包括电子邮件，信函约见是指推销人员通过信函或电子邮件来约见客户。其优点是适应性广、成本低廉、简便快捷，同时表达内容广泛，更能表达推销人员的诚意。但是信函约见有一定局限性，由于是单向的信息沟通，许多客户对推销信函约见不感兴趣，甚至不去拆阅打开，因此成功率低，且由于其速度较慢，不适合快速约见。

在信函发出一段时间后要打电话联系，询问客户的想法和意见。把电话约见和信函约见结合起来使用，可大幅提高约见效果。

4. 委托约见

委托约见指委托第三者约见客户的方法，也叫“托约法”。所委托的人应是与推销人员或推销对象本人都有一定社会联系和社会交往的人士，也可以是各种中介机构。委托约见可以借助第三者与推销对象的特殊关系，克服目标客户对陌生推销人员的戒备心理，取得目标客户的信任与合作，有利于进一步地推销接近与洽谈。

5. 广告约见

广告约见是指推销人员利用各种广告媒介约见客户的方式。常见的广告媒介有广播、电视、报纸、杂志、邮寄、路牌等。利用广告约见可以把约见的目的、对象、内容、要求、时间、地点等准确地告诉广告受众。在约见对象不具体、不明确或者约见客户太多的情况下，采用这种方式比较可靠。在约见对象十分明确的情况下，也可以通过广告媒介进行集体约见。这种约见方式的优点在于约见对象多、覆盖面广、节省时间、约见效率高等。其不足在于针对性较差、费用较高等。

上述约见方式各有优劣，推销人员应根据具体情况确定约见方式，可以单一使用某一种方式，也可几种方式同时使用。

（四）约见客户的技巧

若想成功地约见客户，可以套用一个约见公式：

成功约见 = 目标感强 + 我们共同的目标 + 我有一个方案

目标感强是要让客户知道，作为销售人员，我们希望和客户建立合作关系；我们共同的目标，是希望客户知道通过彼此的合作可以帮助客户解决面临的问题；针对客户面临的问题，我们已经有一套完整的方案。

和客户相处在不同的阶段，有不同的相处策略，如图 5–3 所示。

客情管理阶段	客户心理	维护策略
陌生期	排斥、漠视	让客户熟悉，参与客户生活场景，刷存在感
了解期	观察、防备	让客户感动，提供“使用价值”，创造感动
信任期	认可、信赖	让客户需要，深化信任，挖掘客户需求
成交期	互惠、帮助	让客户成交，成交及请求客户转介，扩大交易成果

图 5–3　不同阶段的客户心理及维护策略

在具体操作中，还要注意以下两点。

1. 学会换位思考

销售人员在约访客户的过程中能够精准感受客户的情绪，拥有换位思考的共情能力，就能更好地获得为客户服务的机会，并取得认同。如何用我们的产品或者服务，帮助客户解决其当下遇到的问题或困境，是最佳的销售方式。

2. 牢记：客户是健忘的

记住顾客的长相及相关特点，想顾客之所想。与顾客沟通时，要多聊对方喜欢的东西和快乐的话题。促成新客户成交，必须让客户对项目有足够了解，认可项目的价值，同时要留有一定的考虑周期。以上每一个环节都需要花费相当时间，从成交周期上，老客户的再次成交或介绍成交时间远远短于新客户的成交时间。开发新客户，首先要对其进行详细的市场调查，分析客户的各项属性特征，根据分析结果制订相应的宣传推广渠道，然后对来访客户植入项目的核心价值，获得客户认可，还要不定期地进行促销活动来提醒消费者购买。

以上每一个环节都需要大量的财力、物力和人力支持，这样一来，单位产品成本大幅提高，金融机构盈利相对地就会减少，而对原有老客户，让他们进行再次购买则不需要上述环节。因此，销售人员培养自己的老客户至关重要。

案例阅读

消费金融产品推广：流量路径挖掘

某银行针对当地白领人群推出了个人消费贷款产品。该银行客户经理小王，为了更好地展示推广该产品，通过与写字楼物业合作在写字楼大厅设置宣传展示架和工作台，向白领人群宣传贷款产品的优势和申请条件。白领客户添加他的微信可以获得小礼品，此后他还利用微信朋友圈针对白领人群进行精准推广。在小王的努力下，该贷款产品受到了广泛关注，并成功在该写字楼服务中签约多笔业务。

思考一下

小王为什么选择在写字楼大厅设置展示架和工作台？除此之外，还有没有其他的地方适合个人消费贷款？

3. 要有亲和力

销售人员和客户沟通要保持心态平静，先调整好焦躁、低落的情绪再与客户联系；会面时保持端正的坐姿或者站姿，如果电话沟通则禁止拨打电话时吃东西和喝水；确保沟通环境相对安静，不吵闹。

4. 正确对待第一印象

销售学中有一个名词非常重要，那就是“第一印象”。愉悦的气质、沉稳的气度、强大的气场缺一不可！有一种说法是，“销售能否成功，关键在于接触最初的 40 秒”，销售员永远没有第二次机会去扭转第一印象，如果你被摒弃在大门之外，纵然你拥有全世界最高明的销售技巧，也无用武之地。

在与客户接触的过程中，第一印象往往对销售的成功有着举足轻重的影响。这种第一印象可以从气质、气度、气场等三个方面展现。

但是，很多销售人员经常容易误认为完美的第一印象就是展现客户喜欢的形象，实际上并非如此。完美的第一印象是指展现中规中矩的形象。因为在我们不了解客户之前，并不清楚客户喜欢什么、讨厌什么。盲目想要客户喜欢自己，最后很容易弄巧成拙。

只要客户不讨厌我们、不怀疑我们，我们就会有销售的机会，任何一个销售的机会都可以将客户的“不讨厌”变成“喜欢”，都可以进行成功的销售。我们不能急于一时，因为在第一印象上的失误而错失后面的销售机会。

5. 正确处理拒绝

在沟通过程中，被拒绝也是正常现象。当面预约客户前，销售人员一定要做好各种心理准备。因为销售是与拒绝打交道的，在当面预约客户时可能会遇到各种困难，但销售人员要充分理解客户，坦然面对困难，善于调整自己，正确发挥自己的工作能力和办事水平。作为销售人员，我们要学会把握时机让客户“认识我们”，高端客户都具备“百折不挠、意志坚韧”的品质，当我们展现出这样的性格时，一定会引发他们的共鸣与欣赏。

当然，面对始终无法接受自己的客户，我们要学会放过自己，不要把时间消耗在无谓的揣摩、纠结和期待中。任何时候，只有自尊、自信、自爱的人才能赢得他人的尊重与钦佩。

三、洽谈推介与激发需求

（一）洽谈推介概述

洽谈推介是指销售人员面对面地向客户传递产品相关信息，并利用各种方法、策略和技巧说服和引导客户产生购买行为的活动过程。洽谈推介的目的是与客户达成交易，因此，在实际的洽谈推介过程中，销售人员需要全面、准确地向客户传递产品信息，并善于发现和引导客户的需求，努力激发客户的购买欲望，并有效地促使客户采取购买行为。

洽谈推介的原则有以下几个。

（1）针对性原则，即销售人员以销售产品为目的开展洽谈活动。他们根据客户的需求、产品的使用价值、客户的个性心理特征以及市场供求状况和竞争态势展开销售。

（2）鼓动性原则，即销售人员利用自己的知识去感染客户，利用热情去营造购买气氛，调动客户情绪，并说服和鼓动客户购买产品。

（3）参与性原则，即销售人员努力引导客户参与洽谈，促进销售信息的双向沟通，增强洽谈推介的说服力。在贯彻参与性原则时，销售人员应引导客户发言、鼓励客户提问以及认真聆听客户，使客户感受到被尊重，并促使客户作出购买决策。

（4）诚实性原则，即销售人员在洽谈推介过程中要实事求是地介绍产品，出示真实的销售证明，对客户负责，不使用欺诈手段，实行诚实和合法的销售。

在洽谈中，销售人员应做到“三个真”：讲真话，真实地传递产品信息；卖真货，不使用伪劣产品或以次充好；出真凭，向客户提供真实可靠的证明材料，包括身份证明、产品证书等，以增加客户对产品的信任。

（二）洽谈推介的任务和内容

与客户面谈时，最重要的是介绍产品，向客户提供有关产品性能、用途、质量和价格等方面的信息。只有在客户了解相关产品信息的基础上，才能作出购买决策。客户购买产品的原因是该产品能够满足其精神或物质上的特定需求，带来利益或好处。因此，在洽谈推介中，如果销售人员能够将产品特性转化为满足客户特殊需求的利益点，使客户充分认识到使用该产品的价值，就能有效刺激客户的购买欲望，促成购买行为。

在洽谈推介的过程中，客户可能会提出问题或提出不同的意见和看法，这就是客户的异议。销售人员需要及时处理和解答客户的疑问，妥善处理客户的异议。通过运用各种方法和技巧，建立客户的信任，有助于实现销售任务。

然而，即使销售人员传递了金融产品的信息、展示了给客户带去的利益并处理了客户的异议，客户的购买欲望可能还不足以作出购买决定。此时，销售人员还需要在价格、售后服务等方面给予客户优惠和保证，以进一步强化客户的购买欲望，并推动客户采取购买行动。

总而言之，洽谈推介的核心是通过向客户推荐最新的金融产品，满足客户的相关需求。具体的洽谈内容会因不同的产品而有所不同。不同的产品需要洽谈不同的内容，核心都是通过推荐介绍最新的金融产品，满足客户的相关需求。

（三）洽谈推介的方法和技巧

常见的洽谈推介方案主要是提示法和演示法。提示法是指销售人员用语言形式向客户说明产品的特点，提示客户购买产品的一种洽谈方式。这种方法在销售人员对产品介绍完毕后，客户对于购买产品还有一些犹豫的时候使用。

1. 提示法

（1）直接提示法。直接提示法是指销售人员在洽谈中通过口头表达开门见山地将产品利益告诉客户，直接劝说客户购买产品的方法。这种方法直接、迅速，可以节省时间，加快洽谈速度，符合现代人的生活节奏，具有较大的优越性。

（2）间接提示法。间接提示法是指在洽谈中销售人员不直接向客户销售产品或者不直接向客户指明购买产品将获得的利益，而是以婉转、间接的方式劝说客户购买产品的方法，能使客户感到轻松合理，从而更容易接受销售人员的购买建议。在使用这种方法时销售人员不能急功近利，否则会延迟达成交易的时间。

（3）积极提示法。在使用这种方法时也要注意销售人员不能急功近利，因为它往往会延迟达成交易的时间。这种方法可以从正面调动客户的购买积极性，营造融洽的购买气氛，从而促使客户购买产品。销售人员不可为了扩大积极效应而进行虚假提示，这样会挫伤客户的积极性，失去客户的信任。

（4）消极提示法。消极提示法是指销售人员运用消极、否定和反面的提示性语言或其他方式劝说客户购买产品的洽谈方法。一般来说，人们对于消极的刺激性词语较为敏感，所以运用这种方法进行洽谈时，销售人员能够非常容易地吸引客户的注意力，而且对具有逆反心理的客户尤为有效。

销售人员在消极提示之后，应立即提供一个令客户满意的解决方案，从而使洽谈有效地转向交易过程。

（5）明星提示法。明星提示法是指在洽谈中销售人员借助名人、明星的影响力来说服客户购买产品的方法。

这种方法十分适用于具有崇拜心理的客户，它能够有效地消除客户的疑虑，充分调动客户的购买情绪，激发客户的购买欲望，促使客户产生购买行为。

2. 演示法

演示法是指销售人员通过演示产品或示范操作等方式向客户介绍产品，形象地展示产品的特点和优势，以激发客户购买的一种洽谈方式。演示法可以细分为以下几种方法。

（1）产品演示法。产品演示法是指销售人员在洽谈中直接通过演示产品来说服客户购买产品的方法。这种方法非常适用于外观新颖别致、造型优美、结构独特和具有独特功能的产品销售。可以弥补语言不能完全解释清楚的某些产品的特点，还可以制造真实可信的销售情景，坚定客户的购买信心，增强洽谈的说服力与感染力。

（2）文字、图片演示法。文字、图片演示法是指销售人员在洽谈中通过展示有关产品的文字、图片资料来说服客户购买产品的方法。这种方法适用于不能或不方便直接展示产品的情况。这种方法。既准确可靠，又方便省力，能生动、形象地向客户介绍产品，传递销售信息，不仅容易被客户接受，而且会对客户产生强大的说服力。

（3）参观演示法。参观演示法是指销售人员邀请客户实地参观考察，使客户进一步了解产品，进而说服客户购买产品的洽谈方法。这种方法能够使客户深层次地感知产品的文化底蕴和独特优势，有效地增强客户对金融机构和产品的信心。

3. 洽谈推介的技巧

在洽谈推介的过程中，销售人员会运用到以下技巧。

（1）销售礼仪技巧。整洁美观的仪表容易使客户产生好感，留下良好的第一印象。销售人员在与客户洽谈中，不能按照自己的喜好或个性来穿着打扮，穿着应与自己的职业身份一致，顺应社会的风尚，力求给人以整洁清爽、风度优雅的感觉，从外表上取得客户的认同。销售人员的工作既然是与人打交道，就要遵守适度的社交礼节，保持言行的有礼有节，讲究适度的谦让风度，不要与客户在言行上争输赢。

（2）销售语言技巧。

一是叙述技巧。要求销售人员树立良好的心态，不卑不亢、诚心诚意和充满自信。吐字清晰、语速适中、音量适宜。说话要富有感情，措辞要得当，语气要委婉。洽谈内容要简明扼要、重点突出，切忌长篇大论。学会克制不良情绪，避免因紧张等心理而出现语速过快、词不达意的不良现象。

二是提问技巧。要求销售人员在洽谈推介中边听边问以引起客户的注意，控制洽谈的方向，还可以获得自己不知道的信息，使话题尽量围绕洽谈的目标进行。因此，提问方法是否得当显得特别重要。在一般洽谈情景中，提问主要分为开放式提问和封闭式提问。

开放式提问是指销售人员在洽谈中向客户提出比较笼统、广泛的问题，对回答的内容要求不严格，可以给对方提供自由发挥的余地。优点是可以使客户畅所欲言，让销售人员获得更多的信息，同时不会给客户造成心理压力。缺点是难以集中于一个问题开展讨论，针对性较差。销售人员可以尝试的方式有商量式提问、探讨式提问或者启发式提问。

封闭式提问是指在洽谈中销售人员在限定的领域内向客户提出问题，而客户一般只能用“是”或“否”、“对”或“错”、“买”或“不买”等来回答。这种提问的优势是可以收缩谈话范围，逐渐把话题引入购买决策上来，通常情况下可以获得客户明确的回答。但不足之处在于这类问句具有一定的强迫性和威胁性，往往会带给客户不舒服的感觉。销售人员可以尝试选择式提问、澄清式提问、暗示式提问或者参照式提问。

（3）回答技巧。回答要既能回答对方的提问，又能阐明自己的见解。在洽谈中，销售人员巧妙、得体地回答客户，可以赢得客户的信任和好感。为了取得良好的回答效果，销售人员应当注意以下几点：回答时应当先明白对方提问的真正含义，稍作考虑后再作出恰当的回答；回答时要有分寸，要掌握什么应该说，什么不应该说，要明白“正确的回答不一定是最好的回答”；对于客户提出的一些问题，有的可以只作局部回答，不必主动提供更多的信息，最好能够取得“回答等于没有回答”的效果。

（4）销售倾听技巧。

一是端正心态：销售人员在倾听客户讲话之前，应该先摒弃那些先入为主的观念，这样才能正确领悟客户所传递的信息，准确把握讲话的内容。

二是聚精会神：集中精力、专心致志是倾听艺术里最基本也是最重要的方面。在客户讲话时，销售人员要做到身心投入、目光专注、面露微笑，时刻把注意力放在客户身上。

三是善于思考：对于客户的谈话内容，销售人员不但要听得详细、完整，并且要善于思索、分析和“取其精华，去其糟粕”，牢牢抓住客户表达的核心内容，仔细揣摩客户谈话的弦外之音和真实意图。

四是积极回应：销售人员要对客户的谈话有积极的回应，可以根据实际情况适当地插入一两个问题，或者重复和肯定客户所说的话。

（四）激发需求的方法与技巧

激发需求就是激发客户的购买欲，把客户内心一定要买的欲望给激发出来。客户想购买了，这就达到了销售的目的。站在销售人员的角度，客户需求被激发之后，降低了市场上的异议，将销售转化于无形，同时达成销售业绩。

激发需求的技巧可以体现在以下三类情况。

（1）产品类：通过激发期望或者激发担忧以达到销售的目的。由单纯的推荐转化为体验式的交流。为了引起客户的兴趣，通过产品示范、产品试用给客户带来产品体验，从而确认客户对于方案和产品的感受。例如，安利产品的销售策略。

（2）梦想类：比如投资十年之后的梦想或者筹划退休。预判客户的需求，为其创造体验，再激发其共鸣。

（3）讲故事类：如想象租赁或购置到房屋之后的生活，引经据典、利用时事话题或者新闻报道来激发消费者改善类的需求。

通过不同的激发需求的方式，将客户的隐性需求转化为显性需求，使得客户的购买标准清晰化。最终的目的是引起客户的共鸣，从而激发其购买欲望。

知识点测试

（一）选择题

1. 潜在客户是针对现实客户而言的，是指既能因购买某种商品或服务而获得价值，又有（　）购买这种商品或服务的个人或组织。

A. 支付能力　B. 偿债能力　C. 投资能力　D. 营销能力　E. 沟通能力

2. 洽谈推介方案的演示法主要有（　）。

A. 产品演示法　B. 文字、图片演示法　C. 参观演示法

D. 洽谈演示法　E. 推销演示法

3. 客户资格审查是销售人员根据产品的特征、对潜在客户进行全面衡量和评价，筛选出（　）并准备进一步沟通的过程。

A. 优秀客户　B. 成熟客户　C. 合格客户

D. 高净值客户　E. 年轻客户

4. 客户资格审查方法有（　）。

A. 客户购买需求的鉴定　B. 客户购买力的鉴定　C. 客户征信的鉴定

D. 客户购买决策权的鉴定　E. 客户资产结构的鉴定

5. 约见客户的主要内容有（　）。

A. 确定约见对象　B. 明确约见事由　C. 安排约见时间

D. 选择约见地点　E. 筛选约见对象

（二）简答题

1. 约见客户的技巧有哪些？

2. 洽谈推介方案的提示法主要有哪些？

3. 成功地约见客户有哪些步骤？

4. 寻找潜在客户的方法有哪些？

课中实训

实训一：识别与寻找潜在客户

实训目标：

学生能通过小组合作的形式，通过讨论和模拟演习，了解如何识别与寻找潜在客户。

任务描述：

金融产品销售的首要目标是识别和寻找潜在客户。很多人在车管所办理业务的时候会遇到很多的小麻烦，比如遗漏资料，忘记复印相关文件，或者盖章签名的位置不正确等。但是这一类的业务办理得并不频繁，所以相关指引资料也不是很丰富。一位女士在车管所柜台附近，看到有类似麻烦的车主，就会主动上前帮忙，指导其完成各类业务。一般车主都会对这个女士表示感谢，想要给予她一些中介费用。这位女士都会表示拒绝，只要求车主在她这里购买车辆保险。对于车主来说，在不同地方购买车险价格差距不大，但是面对这位“恩人”的要求，往往无法拒绝。通过这种方式，这位女士多年来都是其保险公司车险类的销售冠军。

请同学们站在这位车险销售冠军的角度思考并讨论，为什么要无偿帮助各位车主办理业务？同学们分别扮演车主和案例中的车险销售人员，模拟在车管所场景下，销售人员是如何销售车险的？

任务要求：

以小组为单位，围绕着当前任务，课前拍摄制作模拟销售车险短视频并于课堂中演示，最后将结果填写在表 5–1 中。

表 5–1 车险销售模拟活动

实训二：约见客户并争取客户

实训目标：

通过这个实训让学生掌握约见客户基本应用能力。

任务描述：

某软件公司专业提供互联网金融和大数据系统，其销售人员了解到某银行互联网金融事业部李总近期有此需求，制订约见理由如下："李总，您好！我是 ×× 软件公司的客户经理小韩，前几天和支付圈的朋友聊天时，朋友提到贵行年底前需上线互联网金融平台。我司自 2005 年起一直耕耘在互联网金融平台和大数据系统这两大领域，已成功咨询、设计、实施 ×××、×××、××× 等大型互联网金融项目及供应链金融项目。这次冒昧与您联系，是想就贵行的互联网金融平台项目和您做一些探讨，为您提供一些案例和经验上的帮助，也想听听您对互联网金融平台建设的想法，以便我司为您提供针对性的方案，想约您本周三上午十点到十一点面谈，您看可以吗？"

任务要求：

以小组为单位，围绕着案例中的电话约见进行讨论。案例中的销售人员在电话中提到了几个方面的内容？你觉得销售人员可以约见成功吗？你有没有更好的方法？然后，假设自己是此次金融产品的销售人员，模拟拨打约见电话，并把你设计的话术填写在表 5–2 中。

表 5–2 案例分析结果和模拟拨打约见电话话术

实训三：洽谈推介与激发需求

实训目标：

学生能更深入地了解如何通过和意向客户沟通来洽谈推介与激发需求，使潜在客户转化为实际客户。

任务描述：

作为客户经理，打电话销售是家常便饭。有的人自己一有空闲，拿起电话就使劲地打，效果却不一定很好，反而很多变成了无用功。有的人打到耳朵疼，精神疲乏；有的人却打得轻轻松松，事半功倍。这当中，时间占据着非常关键的地位。也就是说，给客户打电话，要对时间进行考量。

周二、周三、周四，是打电话的好时机。万恶的周一，倦怠的周五——可以不必多费心去打扰了。相信大家也是一样，周一又开始上班了，心情是崩溃的，周五又要迎来周末了，心情是不想再被烦扰了。

在 10:30 至 11:00、15:00 至 18:00 是最佳打电话时间段。因为 8:30 至 10:30，大家都在忙着整理昨天剩下未完成的工作，或是接到新的任务；在 11:00 至 14:00，大家都在吃午饭接着开始午休，千万不能去打扰；在 14:00 至 15:00，刚睡醒，还没缓过神来，这段时间会容易感觉到烦躁，精神也不能集中。

职业的不同，繁忙时段也是不同的。比如财务会计在月初月末做账结算，最为忙碌。这段时间一般是 1 至 8 号、25 至 31 号。除去这些时间，其他的都相对合适。对于全职妈妈们来说，要避开做早饭和买菜时间，在做午饭之前的 10:30 至 11:00 和做晚饭之前的 17:00 至 18:00 最优。企业的管理层在 16:00 至 18:00 会稍微放松一点。教师在 16：30 之后或者是放学下班的时候相对合适。

通常来说，不应该在工作日的上午 9 点半之前打电话，这时候客户可能在开会；不应该在中午 12 点至下午 14 点之间打电话，这时候客户可能在休息；如果是周末，不应该在上午 11 点之前打电话，这时候客户可能还在睡懒觉；可以在周五的下午打电话，这时候，快到周末了，客户没有什么心思在工作上，打电话给他是比较合适的；也可以在客户发薪日的第二天打电话，这时候客户的心情会比较好。

当然，这些个人作息时间都应该在客户来前了解清楚。精心琢磨这些细节，运用起来，一定能让你打电话的工作远离烦闷劳累、不再收效甚微。

短信或者微信的预热可能更好。打电话前先给客户发一条短信或者微信，做好预备工作。很多人电话直接打过去给客户，没有什么正当的理由，客户就不太乐意接听。但如果在打电话给客户之前，提前半个小时或1小时给客户发去一条短信，等过了半个小时或1小时之后，再给客户打电话，接通电话后询问客户是否已经收到你之前发送的短信，也可以询问是否阅读了短信，这样的理由就比较充分了，而且会引起客户的关注。这样的电话，客户也是比较乐意接听的。

【短信模板】尊敬的 ××× 先生/女士，您好！我是 ×× 银行 ×× 支行的客户经理 ×××。半个小时后我会给你致电，是关于 ×××（简短地说，最好是吊客户胃口的说法）的事情。具体细节，稍后我会在电话里与您沟通，如果您有其他更方便的时间，可以回复短信告知我！如果您对这个时间没有异议，我会准时给你来电，谢谢！

任务要求：

以小组为单位，进行讨论分析。站在金融机构客户的角度，一般什么时间你愿意和理财经理或者客户经理进行沟通？在沟通过程中，什么样的产品会引起你的兴趣？

和同学模拟沟通过程，最后将结果填写在表5-3中。

表5-3　沟通讨论结果以及模拟练习成果

课后提升

案例研读

浦发信用卡暑假优惠

暑期经济的蓬勃发展，加快了消费需求的释放，暑期经济在推动消费提升质量的同时，也覆盖了各种生活领域，带来了新的经济增长点。面对暑期消费的新变化和新趋势，浦发信用卡聚焦品牌影响力，深度融合消费场景，整合线上线下商户资源，持续推出丰富多样的消费优惠活动，进一步发挥暑期经济对消费刺激的积极作用。

餐饮消费作为用户日常消费的重要部分，因其亲民、高频的消费特性，对于培育和提升用户的使用黏性和用卡习惯有积极的影响。浦发信用卡准确把握暑期消费的趋势，推出形式多样、亮点纷呈的优惠消费活动，满足持卡人的多样化、个性化的消费需求。在活动期间（2023 年 8 月 4 日至 2024 年 5 月 26 日），持卡人在必胜客指定门店出示浦大喜奔 App 的银联付款码支付，或者在必胜客指定消费场景（如“必胜客”App 或“必胜客”微信小程序）通过银联云闪付绑定浦发信用卡支付，成功支付后即可享受优惠。每周一至周日，单笔订单消费满 126 元立减 36 元；每周六则有机会享受单笔订单消费满 126 元立减 66 元。除了美食优惠，用户还可以享受夏日清凉咖啡福利。

活动期间，浦发银行 Visa 双标个人信用卡持卡人通过瑞幸 App 或小程序选择瑞幸线下门店下单，通过微信支付渠道使用浦发银行 Visa 双标个人信用卡支付，可享满 16 元立减 6.6 元优惠。浦发信用卡深度洞察用户在暑期的消费需求，进一步强化商户优惠，以“支付满减”的形式为持卡人提供便捷的回馈，让他们在夏天有更愉快的消费体验。

思考一下

浦发信用卡给予用户优惠可以达到促进消费的作用吗？以上优惠信息可以吸引到更多的人申办浦发信用卡吗？

知识梳理与归纳：（请绘制本项目的思维导图）

思考总结与心得分享：

项目六

处理异议与促单成交

知识目标

· 了解客户跟踪的重要性和策略。
· 了解客户异议的处理含义和主要形式。
· 了解成交与交易促成信号。
· 了解风险评估和合同签订的注意事项。

能力目标

· 能够设计合适的客户跟踪计划。
· 能够根据不同的客户特点促成交易。

素养目标

· 树立正确的客户服务观念。
· 培养销售人员的职业素养和道德。

思政育人目标

· 树立客户至上的服务理念。
· 培养契约精神。

引导案例

持续跟踪兴趣客户

在证券公司工作的销售人员小王接到了一个客户前来咨询投资产品的电话。这位客户表达了对该机构提供的五年理财产品的兴趣，并希望了解更多细节。

小王非常重视这个机会，并迅速安排了一次面对面会议。在此次会议中，他首先向客户介绍了公司的背景和所提供的理财产品的特点。他仔细倾听客户的需求和目标，并根据客户的风险承受能力和时间偏好为其定制了一份个性化投资方案。他还解答了客户的各种问题，并提供了市场趋势和相关产品的详细信息。

在会议结束后，销售人员对该客户进行持续跟踪。他向客户发送了一封感谢信，再次感谢客户对公司的关注，并回顾了他们在会议中的讨论内容。随后，小王每隔一段时间就会给客户打电话或发送邮件，询问客户是否对投资方案有任何进一步的疑问，并提供有关市场发展和其他潜在投资机会的信息。他还定期与客户约定会面，以确保继续建立和巩固客户关系。

在跟踪的过程中，销售人员还根据客户的反馈和实际需求不断调整投资方案。比如，在某次电话跟进中，客户表达了对个人养老规划的兴趣。小王研究了相关产品，并将其添加到个性化投资方案中。通过这种方式，销售人员不仅满足了客户的需求，还提供了更全面的金融规划。

几个月后，客户决定投资该金融机构提供的理财产品，和销售人员一起签署了投资协议。这次交易的成功正是由于销售人员的持续跟踪和个性化服务。客户感受到了销售人员的专业和关注，同时认识到了该机构为客户提供的价值。

案例分析

在金融产品销售中，持续跟踪感兴趣客户可以建立客户关系、提供个性化服务并促成交易。通过跟进、提供信息和支持，销售人员能够满足客户的需求，并在客户作出决策时提供帮助。这种持续跟踪的努力最终为销售人员带来了成功，并为客户提供了满意的服务体验。

课前自学

一、持续跟踪感兴趣客户

（一）持续跟踪感兴趣客户的重要性

在金融产品销售工作中，持续跟踪感兴趣客户是一项至关重要的策略。它不仅可以建立和巩固客户关系，还能提供个性化的服务，促成交易。

1. 建立良好的客户关系

通过与客户的持续互动，销售人员能够建立起与客户的信任和亲和力。客户会感受到被重视，从而更愿意与销售人员建立长期的合作关系。这种关系的建立可以为销售人员提供持久的客户资源，并增加客户的忠诚度和满意度。

2. 提供个性化的服务

通过与客户的持续沟通，销售人员可以更好地了解客户的需求、目标和偏好。这使得销售人员能够为客户提供更加个性化的产品和服务建议，满足客户的独特需求。个性化的服务可以增加客户对销售人员的信任和依赖，帮助销售人员提高客户的满意度，并增加交易的机会。

3. 解决客户的问题和疑虑

在销售过程中，客户往往会遇到一些问题和疑虑。通过与客户的持续跟进，销售人员能够及时了解客户的困惑，并提供相关的解答和支持。这有助于消除客户的疑虑，增强他们对产品或服务的信心，为成功的交易铺平道路。

4. 有助于促成交易

在销售过程中，客户的购买决策往往需要一定的时间和思考。通过与客户的持续互动，销售人员可以在客户作出决策前提供必要的信息和支持。持续跟踪有助于销售人员掌握销售时机，引导客户进入交易的决策阶段，并最终促成交易。

5. 建立良好的口碑和推荐

当销售人员能够与客户保持持续的互动，并提供优质的服务时，客户往往会对销售人员和公司产生积极的印象。这种口碑可以帮助销售人员扩大客户群体，并增加推荐的机会。口碑和推荐是极为宝贵的资源，可以为销售人员带来更多的机会和成功。

因此，销售人员在金融产品销售中应该重视持续跟踪感兴趣客户，并将其作为提高销售业绩的有效策略之一。

阅读拓展

做销售必知的 4 种客户心理

无论是线上还是线下业务，销售在每个行业中都不可或缺。每个商家都需要学习一些基本的销售理论和方法，以在竞争激烈的市场中更好地生存和发展。销售技巧的本质实际是理解和利用客户心理。只有更深入地了解客户心理的变化，并掌握这些规律，我们才能在销售过程中实现更好地互通有无，并快速达成交易。

1. 客户要的不仅是产品，更是安全感和确定感

在当前的市场中，许多行业都出现卖方市场。无论从事哪个行业，大家都有一个共识：同行互相竞争。实际上，客户无论购买什么产品，他们都是在选择合作的对象。如果客户认可并信任你，你无须过多解释，他们会主动购买；反之，即使你的产品再好，价格再低，他们也不会买。所以，无论从事何种生意，无论销售什么产品，最重要的并不仅仅是告诉客户产品有多好、价格多实惠，而是先让客户觉得信任和安心。

2. 客户要的并不是赞美，而是对他的认可和赞扬

在销售过程中，许多销售人员会赞美客户，如“您太漂亮了”“您太帅了”“您皮肤如何好”“您年轻且有为”。当然，这也是促成交易的策略之一。然而，大多数客户更需要的不是你的赞美，而是你对他们的认可和赞扬。有时，如果你说了一些客户并没有的东西，他们会觉得你虚伪，只是为了讨好他们的钱包，反而会提高警惕。因此，要善于挖掘客户潜在的优点加以赞扬。

3. 客户要的并不只是便宜，而是占到多少便宜

“便宜就没好货，好货不便宜”依然是共识。因此，在金融产品销售过程中，销售人员不能让客户觉得自身服务低廉，而是要让客户觉得他们从此处购买确实占到了便宜。比如在人寿保险销售时，可以延长一部分服务的保障期限或者扩大保障范围，让客户感觉到“加量不加价”的“有利可图”。

4. 客户要的不仅是服务，而且是关怀

无论是谁，最难以抵御和拒绝的都是别人的关怀。然而，大多数人都有一种无功不受禄的心理。例如，当你在街上行走时，如果有人突然跑过来帮你擦鞋，你的第一反应可能是躲避和拒绝。但是，如果是陌生人提醒你鞋带松了，你肯定会表示感谢。在销售过程中，如果你只单纯对客户好，通过各种服务来让客户购买你的产品不一定能获得好的效果；相比之下，如果你真正关心客户的需求并耐心地帮助他们解决问题，将更容易产生一种信赖感。

以上是 4 种常见的客户心理，只要销售人员能够充分地利用这些心理，销售就会变得更轻松和容易。

（二）意向客户跟踪策略与技巧

众所周知，客户不会在一开始就与销售人员达成交易，他们需要销售人员不断跟踪，才能发现销售机会。然而，不同类型的客户所需的跟踪周期各不相同。相关调查数据显示，大多数金融销售机会源于对客户进行第 4~11 次的跟踪。也就是说，需要进行至少 3 次跟踪与互动，才能深入了解客户，进一步发展与客户的关系。只有如此，跟踪才能被视为有效。然而，绝大部分销售人员在第 3 次跟踪后就停止了，认为这类客户为低价值客户。这种判断显然过于草率。

要持续强化首次见面后的印象，对意向客户进行持续跟踪，以下是主要的策略。

1. 主动积极联系客户

当销售人员首次向客户发送了一份关于投资或者保险产品的资料后，应在后期主动与客户联系，询问他们是否收到资料，并强调愿意解答他们有的任何问题。这样一来，销售人员能够表达出关注和服务态度，同时能够确保客户对产品的理解和初始印象。

2. 持续沟通和联系

为了确保客户的关注和对产品服务保持兴趣，销售人员可以进一步采取多种沟通方式与客户保持联系。例如，每周定期与客户进行电话沟通，了解他们的最新投资需求和市场动态。此外，还可以通过邮件或社交媒体向客户发送定期更新的有关市场走向的文章，以帮助他们更好地把握投资机会。持续不断的沟通和联系，不仅能够加深销售人员与客户的关系，还能够成为他们心中的首选金融服务提供商。

3. 定期给重点客户发消息

销售人员可以利用类似周末、节假日等休息时间，向重点客户发送一条简短的问候信息，展示企业的关怀和尊重，并强化客户对产品和公司的印象。例如，可以发送短信，简要介绍一项近期的金融产品，并为他们提供进一步咨询的联系方式。这个简短的周末问候不仅能够响应客户对销售团队的需求，还能够让客户感觉到销售人员与他们保持着密切联系，愿意为他们提供个性化的金融服务。

4. 给客户明确的反馈时间

当客户向销售人员提出问题或需求时，销售人员要以迅速、准确的方式回应并给予他们明确的反馈时间。举个例子，如果客户询问关于某款金融产品的具体细节，销售人员应立即回复并表示需要一些时间来核实信息，并在 24 小时内给出确切答复。这样的回应会让客户感到对他们的问题非常重视，并且负责任地对待他们的需求。这种及时的反馈与服务态度，会增强客户的信任和满意度。

5. 持续“价值骚扰”

从人性心理角度而言，尽管没有人愿意受到骚扰，却所有人都喜欢被有趣的东西吸引。一般客户更愿意接受以下两种类型的“骚扰”。第一，对他有确实的帮助、用途或者价值。第二，有一些话确实能够说到他的心坎里（情绪价值）。比如限期优惠，客户肯定关注他所要购买的产品的价格，销售人员每个月把最新的活动价格报过去，如果遇到价格变动比较频繁的时候，视变动的频率给客户发邮件，并且设置有效期。或者制造行情变化焦虑，即为客户预计每年一定时期的产品趋势，提醒客户早作存货或者不要出手。

阅读拓展

销售如何打造自己的朋友圈？

朋友圈是销售人员快速收获信任的一个渠道。随着互联网和微商的发展，在朋友圈线上做宣传卖货的销售越来越多，作为销售，想要持续高效运营朋友圈，需要对客户提供三大价值，包括使用价值、情绪价值和观赏价值（见图 6–1）

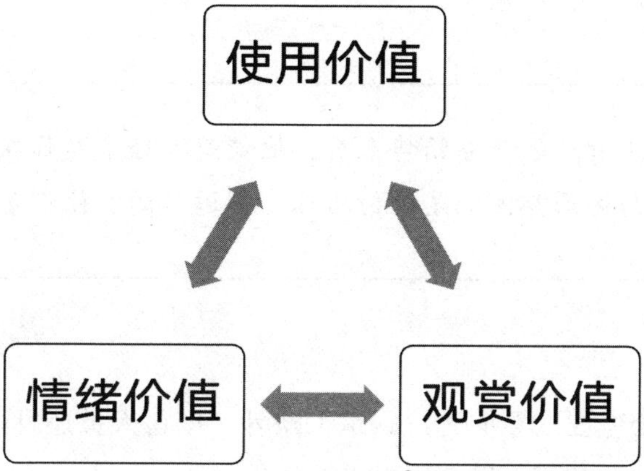

图 6-1 给客户提供三大价值

要想为客户提供以上价值需要销售人员做到以下方面。

（1）做真实的自己，适当地分享你的生活，让人觉得你是一个活生生的真实的人，而不是活在一个包装好的套子里。

（2）展示实实在在的成交截图，让人相信你的产品和服务很受欢迎。

（3）权威背书，借助标杆客户及明星行业领袖等去展示金融产品的品质和实力，提升可信度。

（4）要分享干货，分享专业知识，塑造权威的专业形象，让人感受到销售人员所属的领域专业度。

（5）分享客户的好评和反馈，让人相信你的产品和服务是有效果的，是优秀的。

（6）通过行业论坛展示你所属的行业论坛信息，通过公众平台来提升你的信任度，表明你持续在关注这个行业，并且跟随主流最新观点。

（7）分享与这个领域相关的话题和热点，吸引对方与你互动。

总而言之，在朋友圈，金融销售人员要呈现的状态就是“很忙，也很好，很强，并且价值密度高”。

即学即用

你是否认识身边的业务销售人员，他们是否经常与你在朋友圈等社交渠道进行互动与沟通？他们是如何与你“邂逅”的？他们是如何体现他的价值的？

除了上述5个主要的意向客户跟踪策略外，销售人员还可以借助下列小技巧与客户保持互动并且利用人性心理提供持续价值。

1. 提问式评论客户朋友圈

朋友圈互动是常见手法，但如果直接评论，缺乏引导对方互动的机会，而没有沟通就很难引导成交。因此，提问式评论的优势在于这里——人的大脑一旦看到别人提问，就会自动想要如何回答。

因此，当在意向客户的朋友圈中用心地进行提问式评论时，对方会不自觉地想回答你。一旦客户回复该评论，双方之间的身份就发生了奇妙的变化。销售人员不再是推销产品的业务员，而是能够与客户平等互动的朋友。作为一名销售人员，降低自己的身份就会导致营销变得困难。但如果随着互动增加成为朋友，平等地推荐某个东西，对方购买意愿将迅速提升。

2. 回答客户关心的问题

人都会有许多各种各样的问题，希望有人来回答。如果销售人员通过挖掘意向客户内心的疑惑，并提供他们想要的答案，客户会觉得你是专家，能够输出价值。因此，通过在朋友圈、私人号、微信群、公众号等平台上提供有价值的信息和答案，就可以满足客户的需求。这样的信息和答案在网上很容易找到，只需花点时间进行修改转载即可。

3. 红包刺激

红包实际上是一种低成本的心理刺激工具，针对的就是普通人的求利心理。它可以激发人们的兴奋情绪，无论发生什么事情，收到红包后都会感到很开心。人们已经养成了一种习惯，即看到红包就会点开，这已经成为一种条件反射。

在社交平台中，只要有人发红包，无论是百万富翁、千万富翁还是亿万富翁，都会去点开红包。因此，销售可以利用这种人性特点，在跟进意向客户时偶尔给他们发红包，不需要太大的金额，如 1.88 元或 8.88 元等。对方一定会点开，红包的名字可以写问候语，如早上好、中午好、晚上好等。一旦对方点开了红包，就会感到歉疚。这时销售人员可以趁热打铁，继续与对方互动。因为对方领了你的红包，肯定会愿意跟你互动，否则就不好意思了。

4. 电话关怀

虽然电话营销对于陌生客户来说效果不大，但对于已有过交流的老客户、转介绍过来的客户或已经熟悉的客户来说是效果明显的。因为这些意向客户已经有了基本印象，所以他们愿意与你交谈。当然，有时候单纯地以打电话关心和问候客户也是可以的。在电话中，不需要过多介绍自己的产品，对方的潜意识会一直想到你是卖什么产品的、是否需要购买。

5. 礼物感动

给对方送小礼物可以增进对方对销售人员的好感。通过快递送出小礼物，并加上你亲自签名的“秘密信封”，可以激发对方的好奇心和对礼物的期待感。当对方收到快递礼物时，总是充满惊喜地打开，这样销售人员就可以充分利用这种人性心理。在跟进客户时，可以为一些重要的客户或准客户送快递礼物。

二、处理客户异议

（一）客户异议的含义和形式

客户异议一般是指顾客在销售过程中提出的各种问题、反对意见和看法，用作拒绝购买的理由。顾客提出异议，是销售人员与顾客对话中所期望达到的效果。只有在销售活动中能引起顾客的关注并激发其兴趣，顾客才会提出异议，这也表明销售活动已经取得了一定效果。此外，顾客通过开口说话表达自己的意见或反对意见，销售人员才能了解销售的关键和方向，从而展开更有针对性的说服工作。顾客的异议有时也可以作为成交的信号，因此，销售人员应以积极的心态处理异议，以下是 6 种常见的客户异议形式。

1. 需求异议（不需要）

需求异议是指顾客认为不需要产品而提出的反对意见。需求异议是成交的真正障碍，金融营销人员应判断需求异议的真实性，并对持虚假异议的顾客进行解释和说服。比如帮助他们挖掘需求。

案例：不需要，准备好了

问题：我的钱放在银行安全稳定，没必要拿来弄这些。

回答：银行储蓄和购买这款产品是不冲突的。银行储蓄收益解决的是我们日常衣食住行的问题，而保险解决的是长期的问题，如教育金、养老金和医疗金等的问题。您只要挪一部分钱来做我们这个计划，就能提前准备一部分钱来解决教育金、养老金等问题。您看，如果从长远的角度，给您的小孩设计一份教育金，挺好的。我建议您做一个合理配置。

问题：我孩子上大学的钱，我都准备好了，不需要通过你们的产品来准备教育金。

回答：我知道您家里的资产足够您自己用，也足够供孩子上大学了，但是您依然在努力地工作，所以每个人实际上还是希望多赚一点钱的。那现在再提前准备一笔钱，未来有需要的时候能从容些，也不是个坏事。

2. 资金异议（没钱，不买）

资金异议是指客户认为缺乏资金实力的异议。营销人员在寻找目标客户时已进行过资金实力的分析，对真实的资金异议应进行详细分析后再处理。这需要销售人员在推销之前做到项目五提到的资格审查步骤，对潜在客户有一个深度认知。

案例：钱套股市

问题：今年我的股票行情不好，钱都被套到股市了，现在到谷底了，需要补仓，而保险什么时候买都行。

回答：我理解您的想法。在去年股市的大起大落中相信您也可以感觉到股市的风险。股市属于高收益高风险，是资产配置的一部分，而保险是相当于守门员，也是资产配置必不可少的一部分。财富最大的魅力在于积累，保险就是这样，不仅可以保障您的资产安全，也可以起到盘活资金的作用，在人生不同阶段配置不同的保险，可以让您无后顾之忧。如果您打算拿 30 万元去补仓，我建议您可以拿出其中 5 万元去购买 ×× 产品，降低股票的风险，让您的资产配置更合理，您觉得呢？

3. 决策权异议（我做不了主）

决策权异议是指客户以缺乏决策权为理由提出的异议。营销人员在寻找目标客户时已进行过决策权的分析，对没有决策权的客户，需要认真分析和妥善处理。

案例：我一个人决定不了 问题：虽然你的产品不错，不过我可能要问我太太的意见。 回答：能理解您多方面考虑的想法，如果可以，也可以引见一下您太太。我可以给她分享一下这款产品，相信她也会喜欢的。

4. 产品异议（我不满意产品）

产品异议是指客户认为产品不能满足自己的需求而提出的反对意见。营销人员应准确、详细地向顾客介绍产品的使用价值和利益，以消除顾客的异议。

案例：收益不高——与其他产品比较 问题：我看了下你们那个 ×× 的账户，好像很复杂很难懂，收益率也不是很高，我觉得上次买的那个 ×× 还不错。 回答：您买了 ×× 说明您在关注最新的理财产品。我想和您分享一个理念，标准普尔家庭资产图告诉我们每个家庭都需要准备四种钱：要花的钱、保命的钱、生钱的钱和安全稳健的钱，好的理财方式就是将这四种钱合理配置，让我们的家庭无后顾之忧。您买的 ×× 就是属于生钱的钱，但是这类钱的配置最合适的比例是占家庭财富的 30%，因为这类投资有短期性、波动性等特点。而 ×× 产品则属于安全稳健的钱，它的特点是资金安全、收益稳定、持续增长，也是我们家庭财富配置中必不可少的部分。

5. 客户经理异议（我不喜欢跟他做生意）

客户不肯购买产品是因为对某个客户经理的专业度或者沟通感受不好而产生异议。客户经理应与客户进行感情交流，做客户的知心朋友，消除异议，争取客户的谅解和支持。

6. 购买时间异议（不着急，还有更好的）

购买时间异议是指顾客有意拖延购买时间的异议。营销人员要具体分析，认真处理，找出导致客户拖延的真正原因，并解决问题。

案例：暂时不需要 问题：你们每年都有这样的活动，每次都说最好，都说回馈，都说感恩，可能以后会更好，我考虑考虑以后再买，不着急。 回答：您这个问题提的得好，其实呢，人类一直在进步，社会也一直在发展，就像我们一直生活在城市，我们发现这个城市越来越漂亮，房子也越建越好。保险发展到今天，也在不断地更新，产品也是越来越好，这也是一件非常好的事情。新的一年又来了，相信您家里的财富又增加了，您的财富管理也有了新的需求。在日新月异的情况下，我们的家庭财富又有额外的一笔钱积累在我们的账户里，那么，让我们的家庭财富锦上添花岂不是更好？何况越早作安排就能在需要的时候积累更多的财富。

以上是营销人员常见的异议形式，通过认真分析和妥善处理，才能提高成交率。

课堂小游戏

顾客异议类型判断游戏

每个小组选择至少两名同学上台演练以下情景话术，一名同学扮演销售员，另一名扮演不同情景的顾客，其他同学判断不同顾客的回答分别属于哪种异议，老师进行纠正及点评。

情景一

销售员："您就让我们的年金险在你们网站上宣传销售吧。"

超市顾客："嗯，听起来不错，但我们已经和七个保险公司签订了代售协议，相似产品供应已经充足了。"

情景二

销售员："我司的这款意外险特别适合您公司的出差员工。"

顾客："你们保险保费价格太贵了，我还是考虑一下吧。"

情景三

销售员："您就现在下单了吧。"

顾客："总价上再给我 10% 的折扣，我现在就刷卡。"

情景四

销售员："您稍等一会，我打电话问问我们的行长。"

顾客："算了，连你自己都不明白，我还是不买了吧。"

情景五

销售员："这款补充医疗保险太适合您啦。"

顾客："我这么年轻，身体还这么好。买这么多不同的医疗保险干啥，社保医疗就足够了。"

（二）处理异议的原则和策略

销售员在处理顾客异议时，为使顾客异议能够最大限度地消除或转化，应树立以顾客为中心的营销观念，并遵循以下原则。

尊重顾客：无论顾客的异议有无道理，销售员都应以温和的态度和语言表示欢迎，并善于倾听顾客的异议，不要打断顾客讲话。销售员应表现出对顾客意见的重视和认真考虑。

耐心倾听：销售员应学会倾听顾客的诉说，并保持足够的耐心和热情，倾听完对方的说话，并作出回应。倾听是褒奖对方谈话的一种方式，善于倾听的销售员更容易取得销售成功。

绝不争辩：销售员应与顾客保持良好和谐的关系，避免与顾客争辩，以免顾客感到不受尊重。销售员应信奉"顾客永远是对的"，与顾客保持良好的互动和沟通。

及时反应：对于顾客异议，销售员应及时答复，给顾客一个圆满答复，以化解顾客的疑虑。 如果无法直接回答顾客的问题，销售员应及时向公司反映并告知顾客会尽快回复。销售员应做好处理顾客异议的准备，并及时解答顾客的问题，消除顾客的疑虑。

通过秉持以上原则，销售员能够更好地处理顾客异议，使之能够最大限度地消除或转化，并与顾客建立良好的关系，提高销售成功的可能性。同时，销售人员也需要掌握以下策略，处理好客户异议。

1. 婉转反驳法

婉转反驳法又称为"反驳处理法"。虽然"永不争辩"是处理异议的原则，但销售人员可以通过充足的理由和确定的证据以婉转的方式否定顾客的异议。这种方法可以通过软化语气来明确地解释相关情况，具有很强的说服力和快速的反馈，从而提高销售效率。然而，前提是销售人员必须有充分的证据支持，如一些顾客不了解的客观事实、产品证明文件或材料等。否则，容易给顾客带来心理压力和抵触情绪，甚至伤害其自尊，导致紧张的氛围。

因此，在使用婉转反驳法时，销售人员应该站在顾客的立场上进行解释，避免强词夺理，态度要温和、诚恳，用词恰当；可适当采用“是……如果……”的语句结构，先肯定顾客，再委婉地反驳顾客。这种方法适用于处理由于顾客的误解、成见、信息不充分等导致的明显错误、漏洞或自相矛盾的异议，但不适用于处理因个性、情感等因素引起的顾客异议。

反驳话术

情景一

顾客：“你们的保险保费怎么比别人的贵这么多，我对比了好几家了。”

销售员：“应该不会的，我们定价是参考市场行情来的，这里有其他公司同类产品的报价单。我们的价格是最低的，您可以看看我手里这份资料。如果他家真能做到更低，有可能是其他某些方面保障范围不如我们。”

情景二

顾客：“我听说你们基金赎回经常延期到账，是不是资金管理有问题，我好担心钱拿不回来。”

销售员：“非常抱歉听到您的担忧。我们公司一直以增加客户体验为宗旨，而且证监会对我们的资金监管非常到位，您看！这是我们基金账户监管情况，以及一些客户申赎的评价，不存在您说的那种情况。您就放心吧！”

2. 太极转换法

太极转换法是指销售员利用顾客异议中有利于销售成功的因素，并对其进行加工处理，将其转化为自己观点的一部分，以消除顾客异议并说服顾客接受产品的方法。

这种方法如打太极拳一般，借力打力，以攻为守，将被动转化为主动。它的优点在于将顾客的拒绝理由转化为购买的理由，将成交的障碍转化为成交的动力，因此具有很强的说服力。然而，如果处理不当，可能会让顾客觉得被耍嘴皮，或被人钻空子，甚至产生不愉快的感受。因此，在使用该方法时，应先肯定顾客的看法或赞美顾客，承认其合理性，并在此基础上进行利用。切忌欺骗顾客或任意发挥，以保持良好的商业道德和顾客关系。

太极话术

情景一

顾客：“你们的保费又涨价了，我们承担不起了。”

销售员：“您说得对，最近总体的保费都在上涨，包括其他家的。现在各种通货膨胀，很大可能过段时间价格还会再涨，还是趁早购买为好。”

情景二

顾客：“对不起，我很忙，没空聊啊。”

销售员：“正因为您忙，所以我们才想把产品特点简单介绍一下，节省您的时间。”

情景三

顾客：“我身体好得很，不需要保险。”

销售员：“我理解您的心情，正因为您身体很好，更应该考虑一下马上投保。防患于未然，未雨绸缪。”

情景四

顾客：“那个私募手续费太贵了，只有傻瓜才会这样投资。”

销售员：“是呀，我也觉得手续费太贵了，但正是如此才彰显您的身份和地位，像您这样的人所选择的投资渠道自然要与别人不同。”

3. 询问解惑法

询问解惑法是指销售员通过对顾客异议提出疑问，等待真正了解其内容和原因后再进行处理的一种方法。通过询问，销售员可以获得更多信息，并营建良好的沟通氛围，为进一步的销售创造条件。然而，销售员要注意，使用这种方法可能会引发顾客的抵触情绪或产生新的异议，从而错过销售的最佳时机。因此，销售员在询问时需要把握时机，避免过度追问。

该方法适用于顾客的异议只是一种借口，并且销售员知道顾客本人不清楚真正原因的情况下。通过有针对性的问题，销售员可以帮助顾客明确需求、破除顾虑，从而更好地满足顾客的需求并促成销售。

通过娴熟地运用询问解惑法，销售员能够更好地了解顾客的异议内容和原因，并有针对性地进行回应和处理，从而提升销售效果。

询问话术

1. 销售员："感谢您对我们产品的兴趣，我很想了解一下您对产品中的哪个方面有疑问或担忧？我们可以一起澄清和解决。"

2. 销售员："先生/女士，想请问一下，您对于我们的产品还有什么其他的期望或需求吗？这样我们可以更好地了解您的具体要求。"

3. 销售员："很高兴您对我们的产品感兴趣。为了更好地为您服务，我想请问一下，您对其他竞争对手的产品有了解吗？可以比较一下，看看我们产品在哪些方面更加适合您的需求。"

4. 换位思考法

这种方法要求销售员学会站在顾客的角度思考并理解顾客提出的异议，然后通过提问了解顾客产生异议的原因，并以反问确认，然后将顾客转移到自己的销售情景。以下是换位思考法的五个步骤。

第一步，换位。进入顾客内心世界，试图理解顾客的想法和感受。这需要销售员具备一定的同理心和情商，并设身处地地想象自己是顾客，从顾客的角度来看待问题。

第二步，提问。通过提问，销售员可以更深入地了解顾客产生异议的真实原因。这些问题是开放性的，可以鼓励顾客表达更多的意见和想法。

第三步，回答。在顾客表达异议的过程中，销售员应倾听顾客的观点，并给予回应。这样可以展示出销售员对顾客的关注和重视，有助于建立良好的沟通和合作关系。

第四步，反问。销售员可以用自己的话对顾客的异议进行描述，并通过反问确认自己的理解是否准确。这有助于验证销售员对顾客意见的准确理解，并给予顾客机会进行进一步的澄清和解释。

第五步，转移。销售员应将顾客从异议的焦点转移到自己的销售情境中。这可以通过向顾客展示产品的优势、利益和解决方案，以及向顾客讲述成功的案例等方式实现。这样可以引导顾客重新关注销售员所提供的价值和机会。

通过有效运用换位思考法的各个步骤，销售员能够更好地理解顾客的异议，建立良好的沟通和合作关系，最终促成销售。

换位思考法话术

顾客："我想找一只收益稳定且风险较低的基金，您介绍的这只基金的风险看起来较高。"

销售员："收益稳定且风险低的基金确实是不错的选择（换位共情：表示认可）。您对这只基金的风险有哪些顾虑呢？（提问）"

顾客："我担心它的波动性较大，容易受市场波动影响，亏损严重。（回答）"

销售员："所以其实您更希望找一只风险较低，能够在市场波动时保持相对稳定的基金对吗？（反问并确定对方真实需求）"

顾客："是的。"

销售员："非常明智的选择。我这里有一只基金非常适合您。（转移）它是一只资产配置均衡的理财型基金，具有稳定的投资策略和较低的风险，同时能够在市场波动中保持相对平稳的表现。"

5. 补偿平衡法

补偿平衡法要求销售员在坦承顾客指出的存在问题的同时，通过补偿产品的某些优势来抵消缺陷，或通过让顾客获得其他实惠来对抗异议。这种方法的技巧在于先诚实地承认产品的缺陷，增加顾客对销售员的信任，使顾客更容易接受。

然而，销售员肯定顾客的异议并承认产品的缺陷可能会削弱顾客对产品的信心。因此，在使用补偿平衡法时需要注意，补偿的利益应该大于异议引起的损失，净利益应该大于顾客所支付的价格，这样才能让顾客达到心理平衡。

补偿平衡法话术

1. 销售员："谢谢您提出的关注点，确实有些客户担心投资风险较高。但是，我们的产品有一个强大的回报潜力，可以为您带来更高的利润。(补偿) 为了确保您的资金安全，我们有专业的风险管理团队，而且我们提供资金保障措施，以确保您的资金在合理的风险控制范围内。(平衡)"

2. 销售员："我非常感谢您对我们产品的关注，有些客户可能对收益的波动感到担心。但是，我们可以提供一些平衡的补充服务，例如多元化投资组合，通过将您的资金分配到不同的资产类别，以降低整体投资风险。(补偿) 同时，我们的专业顾问团队会根据市场条件进行调整，以确保您的投资能够适应各种市场环境。(平衡)"

3. 销售员："感谢您提出的疑虑，对于产品的期限和流动性，我们完全理解。虽然有一些固定期限的约束，但我们也可以提供灵活的解决方案，例如提供早期赎回或转让的选项，以满足您的资金流动性需求。(补偿) 此外，我们还提供专业的投资咨询服务，随时帮助作做出明智的投资决策。(平衡)"

通过巧妙地运用补偿平衡法的话术，销售员可以弥补金融产品的某些缺陷，提供额外的价值和解决方案，以满足顾客的需求，并增强顾客对产品的信任和满意度，从而促成销售。

即学即用

请思考一下，上述的客户异议处理方法是否能用在你平时的生活和社交上？展开说明一下。

课后提升

案例研读

定价有底线：敢于拒绝客户

有一对中年夫妻顾客对某公司推出的人寿保险产品非常满意，却一直在讨价还价上犹豫不决。尽管销售人员从专业的角度向他们解释了产品的卖点和报价，妻子依然觉得价格太高。销售人员通过进一步沟通后，了解到他们的心理价位，并稍微降低了价格，但他们仍然觉得价格过高，甚至要求再降低。这时中年夫妻意识到，预期的成交价格与现在的报价差异很大，于是开始感到不确定，再次降低了价格，但他们的心理价位依然远低于销售人员的报价。

面对这种情况，销售人员犹豫了一下，最终告诉他们这个价格实在无法接受。顾客坚持要按照他们提出的价位购买。对于销售人员而言面临一个选择：如果同意他们的价格，该交易将无法获得利润；如果不同意，也许会失去一个顾客。

后来，保险销售人员意识到需要一个折中的解决方案，于是向顾客提出了一个妥协的价格。顾客接受了建议，表示需要再考虑一下，并表示明天会给出答复。顾客离开时，销售员突然感到有些着急，急忙追了出去，向他们再次强调价格已经无法再降低，并开始向他们解释该款险种相比其他公司的优势、卖点和成本等方面的情况。在讲解过程中，销售员观察到顾客似乎有所回心转意，便迅速将他们引回店内，最终成功地签下了保险合同。

其实，销售人员意识到顾客在刚开始的时候就试图占据主动权，通过故意放烟幕弹来探寻自己底线。他们希望通过制造焦虑一步步逼迫销售人员降低价格。同时，正是因为在还价过程中销售人员的犹豫不决，给了顾客讨价还价的机会。因此，敢于拒绝顾客，也是保险销售中的一项重要技巧。拒绝反而是一种自信的体现。

思考一下

你是否有过被讨价还价的经历，你是如何应对的价格妥协与退让的？你从那次经历中学会了什么？

三、促成订单交易

促成交是销售领域中的“临门一脚”阶段，决定了销售是否成功。从上述案例可以明显看出，把握成交时机至关重要。许多销售人员之所以无法获得订单，不是因为他们缺乏努力，而是因为他们未能掌握捕捉和识别顾客即将成交的信号方法。他们对自我介绍缺乏自信，总是希望给顾客留下完美的印象，结果却失去了至关重要的成交机会。

（一）成交与交易促成信号

成交，即达成交易，指的是销售员成功说服顾客接受购买建议，并实际采取购买行动的过程。销售的目标就是成交，因为成交是销售洽谈过程的最终结果，也是洽谈顺利进行的延续。

要成为一名合格的金融销售员，不仅需要有强烈的欲望去完成交易，还需要懂得如何识别顾客的成交信号，并掌握促成交的方法，以便有的放矢地完成订单的签署。当顾客已经准备好进行成交时，销售员应该全力以赴地推动交易的完成；当顾客表现出明显的成交意愿时，销售员应立即停止产品介绍，采用促成交易的方法，以获取订单。进入交易促成阶段一般有以下三大信号。

1. 听

当客户认真地听取产品介绍并不断点头表示认可，同时没有明显的异议或拒绝，这是一个明显的成交信号。客户展现出对产品的兴趣，并且对销售员所提供的信息感到满意。比如，销售员向客户介绍一种投资理财产品，客户专注地聆听并积极回应销售员的话语，表示对产品的理解和认可，并没有表达任何疑虑或反对意见。

常见场景如客户说：“嗯，这样说来的话，这款产品还挺适合我的。”

2. 思

当客户认真阅读产品资料，或陷入深思，甚至使用手机等工具查找相关信息，这是另一个明确的成交信号。客户正在消化和评估所提供的信息，考虑是否进行购买。比如，销售员向客户提供了一份详细的投资报告，客户认真阅读并思考，考虑这个投资是否符合自己的需求和目标，是否值得投入资金。

常见场景如顾客说："除了你给我的这张单子，还有这个产品的更详细的说明吗？""这款产品和我原本打算寻找的挺匹配的。"

3. 问

当客户开始询问成交后的细节问题，如金额、时间、类型等，这也是一个明显的成交信号。客户对于购买产品的具体细节和条件产生了兴趣，并希望获得更多的信息，以便作出决策。比如，销售员向客户介绍一种保险产品，客户开始提出关于保险金额、保险期限和保险类型的问题，表明他们已经考虑将要投保，并正在了解具体的购买细节。

常见场景如顾客问："办理这个业务都需要带哪些资料？""这个产品优惠截止日期是什么时候？""是不是我现在申购这款保险，明天就开始生效了？"

这些行为表现预示着客户已经认同了产品和服务，离成交只有一步之遥，即交易促成。

（二）不同客户类型交易促成策略

尽管是一步之遥，对于不同客户而言，作决定依旧是艰难的。之所以难以作出成交决策，通常可以归纳为以下四种客户类型：犹豫型、光鲜型、精明型和贪婪型，因此销售人员应该用不同的促成策略来应对。

1. 犹豫型——缺乏作出决定的勇气

性格八分来自先天，二分来自后天。犹豫型性格在金融产品销售中会屡见不鲜，明明客户对产品和服务非常认可，也很希望拥有，却犹豫不决，难以作出购买决定。

应对策略：假戏真唱——创造成交后的场景。

销售新人在面对犹豫不决的客户时，自己也感到不知所措，甚至会强行推动客户作决策，比如对顾客说："你就听我的吧，一定没错，这个产品的收益非常好！"而资深销售人员则采用"假戏真唱"的策略，话术如下。

◆ 定投促成案例

销售员："孙女士，您的工资发放日是每月的 5 号，如果您开设了定投账户，您想在 8 号还是 10 号转存呢？"8"这个数字挺吉利的，我们可以定在 8 号转存，您觉得如何？"

◆ 金条促成案例

销售员："王姐，您的衣着风格比较淡雅，您是不是喜欢更淡一点的颜色？如果您购买了这个金条，我们会为您提供一个精美的盒子，盒子有两种颜色可选，一种是红色，寓意大吉大利；另一种是黄色，充满尊贵气息。王姐，您觉得我应该用黄色的盒子来装吗？"

◆ 基金促成案例

销售员："屈大哥，这周我们正在进行一项活动。如果您认购了这个产品，我们将赠送一套精美的紫砂茶具，或者一套高品质的床上用品。您看，您是更喜欢茶具还是床上用品呢？"

2. 光鲜型——缺少达成交易的实力

有些客户打扮光鲜靓丽，但他们实际上资金有限，缺乏购买产品的实力或勇气。

应对策略：以退为进——推荐更合适的产品。

"高高抛球"的策略常常为精明商家所利用，销售人员可以先向客户推荐高于其实际购买力的产品，如果得到客户的认可，成交就更好了；如果不能成交，我们应该和客户确认他们的兴趣，并推出更适合他们的产品。这样可以有效提高成交率。例如，无法购买信托产品就推荐理财产品，无法购买理财产品就推荐黄金，无法购买黄金就推荐基金，无法购买基金就推荐定投。只要客户对金融产品有兴趣，就不要轻易放弃。具体话术如下。

销售员："既然您对黄金感兴趣，说明您具备很强的投资意识，这真是非常难得。现在很多人还停留在把钱存储蓄卡阶段，而未来的社会一定属于具备远见的人，您将会取得更大的成就！"稍作停顿，"当然，金条价格确实不低，也许现在对您来说并不合适。然而，既然您对投资感兴趣，为什么不考虑投资金额更低、更便捷灵活的纸黄金呢？相对而言，这个产品更适合您！"

3. 精明型——没有进行纵向的比较

精明型客户一般会在买理财产品时比较三五家银行，一旦如此，很容易出现交易流失。

应对策略：以理服人——提供理性分析的证据。

目前产品五花八门，理财销售人员通常会忽视对竞争对手银行产品的了解。如果能提前了解对手，并提供详细的分析比较工作，我们就能占据有利的局势。建议理财销售人员每周制作一张周边同类型产品的纵向比较表，提前向客户展示，了解精明型客户所关心的内容，以专业的角度留住客户。话术如下。

销售员：“孙大哥，我知道您在投资方面经验丰富。您肯定想了解一下附近几家银行的同类型产品情况。我已经帮您调查好了。隔壁的甲银行的产品，与我们的相比，收益率低了 0.4%，您肯定不喜欢。乙银行的产品比我们的有优势，收益率高了 0.5%，但是他们的现有客户比我们少，募集期会比我们晚一些。不说太多，至少比我们晚了 7 天。您可以计算一下日均收益，会发现我们的收益更高。再往前走几步的那家城商行，收益率也高于我们，但您看过他们的协议吗？他们的协议里并没有保本的条款！如果您回过头想一想，小银行的风险控制能力显然有限！如果到时候您本金赔得一分不剩，您将没有追究他们责任的手段，毕竟协议上并没有保本条款！孙大哥，虽然我们的收益率不是最高的，但风险在可控范围内，而且很快就会开始计息。综合来看，我们的产品非常适合您。孙大哥，您打算投资 20 万元还是 30 万元？”

4. 贪婪型——渴望增加议价筹码

明明自身产品有优势，为什么客户还会强调收益一般，比其他同类产品差得远？客户其实是希望贬低产品来增加议价空间或者获得更多优惠礼品。

应对策略：无中生有——寻找打动客户的利益。

新手销售人员只能看到自己产品的缺点，而专业的销售人员善于发现竞品的弱点。销售人员要了解竞争对手的情况，寻找他们的短板；降低竞争对手礼品的吸引力，稀释客户的期望。

对于没有更多议价空间或者礼品的情况，销售人员应该换个思路：目前没有礼物并不意味着以后都没有礼物！没有实物礼品并不意味着没有精神上的礼品。从价值层面来看，无形的礼物价值往往高于有形的礼物。应对话术如下。

话术一

销售员：“俞姐，您说得对，他们确实可以送出一张体检卡！您的消息真是灵通！不过您也知道，10 万元的存款对银行来说，其实并不足以购买一张正规的体检卡。银行如果这么做，就亏大了。所以他们和某医药公司合作，这个体检卡是某医药公司和医院联合发行的，某医药公司提供了一部分资金，这样银行才能以很低的价格获得。您觉得某医药公司会白白提供这笔资金吗？肯定不会，他们希望您在体检后能购买他们的药品。到时候，您会收到无休止的推销电话，甚至有人上门推销他们的药品。您觉得不烦吗？这样的体检卡避之则吉！”

话术二

销售员：“张大哥，尽管现在存款没有礼品，但我送您的这件礼品可是非常有价值的！价值超过 800 元。我们这么努力工作，毕竟是为了孩子。孩子的教育是个大问题，我们计划在 6 月 1 日举办一个活动，邀请知名的教育专家来分享最新的子女教育研究成果。这位专家是国内知名的教育专家，我们请他三次才腾出时间来，而且平时参加他的讲座需要支付 800 多元。这次讲座对普通客户是有费用的，但对大客户我们是免费的。这不就相当于送给您价值 800 元的礼品吗？而且通常情况下，您很难有这样的机会。即使自己花钱也未必能参加。约定好了，到时候我会争取为您保留一张门票，如果争取不到，我会自己掏钱帮您购买，好吗？那么，请问，您打算存 20 万元还是 30 万元？”

综上，不同类型的客户交易促成的策略也不同，只有在不断训练和实践中才能最终实现高成交量。

四、风险评估与签订销售合同

在客户下定决心购买金融产品后，推销人员必须根据金融监管相关法律法规对金融产品购买者进行风险评估。证券期货市场中的投资品种千差万别，而投资者的风险承受能力各不相同。简单来说，就是要“根据投资者的风险承受能力销售不同风险等级的产品，将合适的理财产品销售给合适的投资者”。

（一）风险评估

《基金募集机构投资者适当性管理实施指引（试行）》要求销售机构根据客户的风险承受能力等级、金融产品或金融服务的投资期限、投资品种及风险等级，向客户销售适当的金融产品或提供适当的金融服务，并与客户签署适当性评估结果确认书。因此，风险评估核心内容包括以下三个方面：评估投资者、评估产品以及投资者风险承受能力与产品或服务风险评级之间的匹配关系。

1. 评估投资者

相关法律法规规定，营销机构在销售产品或提供服务时，应了解投资者的基本信息如姓名、住址，以及财务状况、投资经验、风险偏好等，将投资者划分为普通投资者和专业投资者。

对于普通投资者，应根据投资者信息表、风险测评问卷以及其他相关材料，综合评估投资者的风险等级，至少分为 C1、C2、C3、C4、C5 五个等级。

风险等级可根据投资者的年龄、财务状况、投资经验、投资知识、投资期限以及对资本损失的容忍程度、可承受的损失比例、可接受的持续亏损时间等进行判定。

2. 评估产品

金融产品或服务的风险等级应按照风险由低到高的顺序至少划分为 R1、R2、R3、R4、R5 五个等级，对应于普通投资者的 C1、C2、C3、C4、C5 五个等级（见图 6–2）。产品定级时主要考虑因素包括流动性、到期时间、杠杆情况、结构复杂性、投资单位产品或相关服务的最低金额、投资方向和范围、募集方式以及发行人等相关主体的信用状况和同类产品或服务过往的业绩等。不同销售机构对同一产品的评估结果可能有所不同，但评估结果不会低于（即高于或等于）管理机构给出的产品风险评级。

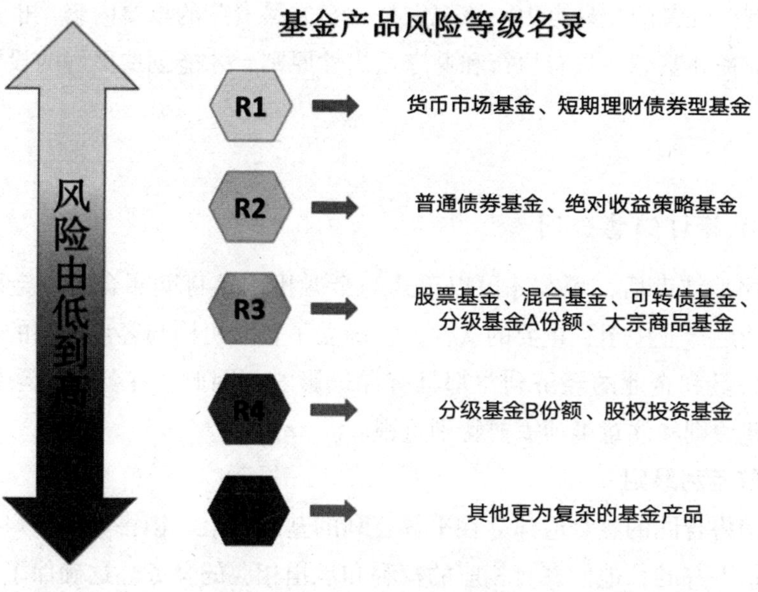

图 6–2 R1–R5 风险等级

3. 投资者风险承受能力与产品或服务风险评级之间的匹配关系

根据销售新规定，销售机构只能向投资者销售风险与其风险承受能力匹配或低于其风险承受能力的理财产品。投资者在购买理财产品时应仔细了解产品的风险，并选择与其风险承受能力相适应的理财产品进行购买。

对应关系如表 6-1 所示。

表 6-1 客户风险级别及适配的风险级别

客户风险级别	适配的金融产品或服务风险级别
保守型（C1）	低风险（R1）产品或服务
谨慎型（C2）	低风险（R1）、中低风险（R2）产品或服务
稳健型（C3）	低风险（R1）、中低风险（R2）、中风险（R3）产品或服务
积极型（C4）	低风险（R1）、中低风险（R2）、中风险（R3）、中高风险（R4）产品或服务
激进型（C5）	低风险（R1）、中低风险（R2）、中风险（R3）、中高风险（R4）、高风险（R5）产品或服务

需要注意的是，监管政策和销售机构调整的核心逻辑是全面揭示市场风险，而不是限制投资者的交易自由。该规定是“卖方尽责”的重要内容，也是“买方负责”的前提和基础。只有执行和遵守适当性原则，才能创造更好的投资环境和体验。

（二）签订销售合同

风险评估结束后，顾客才可以正式与金融机构签订购买合同。金融产品销售合同是金融行业中至关重要的文件，它确立了金融机构与客户之间的权利和义务，对销售员和企业的经济利益都具有深远影响。因此，在签订金融销售合同时，有一些原则和注意事项需要特别重视。

1. 平等互利原则

金融销售合同的签订应建立在平等互利的基础之上。销售员和客户在法律地位上应该是平等的，他们享有相应的权利和承担相应的义务。这确保了双方在合同关系中都能够公平受益。

2. 协商一致原则

合同的签订应该是双方自愿达成的结果，双方应该通过充分的协商达成一致。不应该有任何一方强加自己的意愿于对方，确保合同是基于共识而不是压力或在不平等条件下签署的。

3. 等价有偿原则

金融销售合同要求双方都要获得相应的对价。客户购买金融产品，而销售员提供金融产品和相关服务。这种等价交换确保了合同的公平性。

4. 诚实信用原则

双方在签署金融销售合同时应保持诚实和信用。不应欺骗对方或提供虚假信息。金融机构和销售员应当提供真实、准确的产品信息，而客户也应诚实地提供必要的信息。

5. 稳定履行合同

一旦签署了金融销售合同，双方应积极履行合同中规定的义务。这包括按时提供服务、支付费用等。积极履行合同不仅有助于维护信誉，还有助于金融机构和客户建立长期稳定的合作关系。

总之，金融销售合同的签署必须遵守上述原则，以确保双方的合法权益得到保护，维护金融市场的稳定和健康发展，不仅对销售员的经济利益有影响，也关系到金融机构的声誉和经济效益。因此，金融销售合同的签署必须慎之又慎。

同时，订立金融产品销售合同时需要考虑的重要事项如下。

（1）合同当事人：明确双方的身份，即买方和卖方。在金融产品销售中，通常买方是投资者或客户，卖方可以是金融机构、经纪人或金融产品提供者。

（2）产品描述：详细描述销售的金融产品，包括产品的名称、类型、特性、风险等级以及相关的规定。

（3）价格和费用：确定金融产品的价格、交易费用、佣金和其他费用，并明确支付方式和时间。

（4）交易条款：包括交易的有效期限、交割日期、支付方式以及相关的交易细节。

（5）风险揭示：提供有关金融产品的风险因素和可能面临的损失的明确信息。这可以帮助客户了解他们可能面临的风险。

（6）法律依据和监管要求：确保销售合同符合适用的法律法规和监管要求。因为金融产品销售通常受到严格的监管。

（7）投资者权益：保护投资者的权益，包括提供有关产品的充分信息、投资者保护措施和争端解决机制。

（8）终止和解除合同：规定合同的终止条件，包括双方终止合同的权利和程序。

（9）附加条款：根据具体情况，可能需要添加其他条款，如保密协议、不竞争协议等。

（10）签署和执行：明确合同的签署和执行程序，包括签署日期和生效日期。

（11）法律管辖权和争端解决：确定合同适用的法律管辖权和争端解决方式，例如仲裁或法院诉讼。

（12）合同的期限：指明合同的有效期限，以及是否存在续约选项。

在订立金融产品销售合同之前，建议双方都仔细阅读并理解合同的所有条款，必要时寻求法律顾问的意见。合同的明确定义和清晰的条款可以帮助避免争议和纠纷，保护双方的权益。同时，遵守法律法规和监管要求对于金融产品销售也非常重要。不合规的销售可能会导致承担法律后果和金融损失。

金融思政

金融与工匠精神、契约精神

当金融资产管理新规发布后，金融从业者需要思考如何加强个人和机构的自律精神，并有效进行净值化管理、遵守契约、恪守承诺和谨慎履责。这需要一个过程和适宜的环境，更需要一种情怀。

也有人认为金融与情怀无关，有人则认为未来的资产管理行业属于手艺人。而资管新规则提出了“净值化管理”概念，这对整个资产管理行业具有重塑意义。然而，如何科学地进行净值化管理对许多金融机构，尤其是从事非标业务的机构来说，仍是困惑的问题。

目前看来，证券等标准化金融资产的估值模式比较成熟，而非标产品的净值化管理却是一个新课题，面临挑战。根据资管新规，非标产品的估值可以采用摊余成本法。然而，当风险暴露时，摊余成本法难以真实反映资产状况。净值披露不准确时，如何打破刚性兑付？如何回归本源？未来金融从业人员需要工匠精神，深入研究净值化管理。金融机构至少需要在两个方面作出调整。

首先，金融机构的本质是经营风险并对其进行定价，风险管理是其核心竞争力。净值化管理的前提是提升和转变风险管理文化。现有银行业机构需要从传统的资产负债风险管理文化向全面管理文化转变。未来资产管理的风险管理体系需覆盖信用、市场、流动性、合规和操作风险。有条件的金融机构应引入风险度量模型和对冲工具，管理投资组合。缺乏条件的机构须尽快加强与相关机构合作。

其次，任何行业都在创新中发展和进步。然而，金融行业存在“拓展重于管理”的现象。未来资产管理行业需加大对运营体系的投入，满足新规对净值型产品估值、会计核算、信息披露的要求。银行业金融机构在信息系统方面相对滞后，需建立新的运营体系，改进信息科技系统。为满足运营要求，需引入熟悉产品估值、会计核算、信息披露和税务的专业人才。

契约精神是一种自由、平等和守信的精神。中华文明一直重视契约精神，如曾子杀猪、商鞅立木为信。金融从业者应理解契约精神，认真执行合同约定，恪守承诺。现代金融业最需要的是契约精神，不应存在超越契约的特权。这是一种宝贵的约束。

思考一下

在金融产品推销过程中，契约精神和工匠精神应该如何体现？

知识点测试

（一）选择题

1. 持续跟踪感兴趣客户的重要性不包括（　）。

A. 建立和巩固客户关系　B. 提供个性化的服务

C. 签订长期合同　D. 促成交易

2.（　）不属于客户异议的主要形式。

A. 时间异议　B. 选择异议　C. 资金异议　D. 决策权异议

3. 换位思考法的步骤不包括（　）。

A. 咨询　B. 提问　C. 回答　D. 反问

4. 风险评估包括（　）等步骤。

A. 产品评估　B. 投资者评估　C. 机构评估　D. 风险和承受能力的匹配度

5. 主要的客户类型包括（　）。

A. 犹豫型　B. 光鲜型　C. 精明型　D. 贪婪型

（二）简答题

1. 请简述处理异议的原则和策略。
2. 交易促成信号有哪些？
3. 签订金融产品销售合同有哪些基本原则？
4. 订立金融产品销售合同时需要考虑的重要事项包括哪些？

课中实训

实训一：持续跟踪感兴趣客户

实训目标：

学生能通过小组合作的形式，模拟不同行业销售人员，尝试持续跟踪其潜在/意向客户。

任务描述：

持续跟踪感兴趣客户是一项至关重要的策略。它不仅可以建立和巩固客户关系，还能提供个性化的服务，促成交易。因此，要想成为一名合格金融产品销售，要根据产品特点对意向客户进行全面追踪。

任务要求：

以小组为单位，围绕“项目一”分析的其中一种金融产品（银行、证券、保险、信托和消费金融）的特点和客户情况，根据“意向客户跟踪策略与技巧”中的内容，设计一份客户持续跟踪计划书，最后将任务的成果填写在表 6–2 中。

表 6–2　客户持续跟踪计划书

实训二：处理异议

实训目标：

学生能通过小组合作的形式，结合处理客户异议的策略，进行“顾客和销售人员”的角色扮演，亲自实践出不同的客户异议处理方法。

任务描述：

处理异议是促进交易的重要一步。因此，结合上述处理异议的策略，进行小组成员角色扮演。

任务要求：

以小组为单位，每个小组选择一种异议处理的策略（包括婉转反驳法、太极转换法、询问解惑法、换位思考法以及补偿平衡法）。模拟顾客和销售员进行角色扮演异议处理的场景（角色扮演场景不少于 5 分钟）。角色扮演要体现出所选异议处理的思路、话术以及策略。拍摄成短视频，在课堂分享，最后将任务的成果填写在表 6–3 中。

表 6–3　异议处理角色扮演

课后提升

案例研读

金融消费者，请拿起法律武器维权！

随着互联网的普及和金融科技的快速发展，各种金融工具、产品和模式的创新与应用，金融服务与人们的生活越来越紧密相连，越来越多的人成为金融消费者。2014 年 3 月 15 日修订的《中华人民共和国消费者权益保护法》首次将“接受一定金融服务的消费者”纳入保护范围。9 年过去了，如今保护金融消费者的合法权益已经成为保护金融市场规范健康发展的共识。

随着消费者维权意识的提升，越来越多的消费者在自身合法权益受到侵害时不再被动接受，而是勇于使用法律武器维护自己的权益。虽然与庞大的金融业务相比，金融消费者维权纠纷在数量上仍然较少，但这些纠纷，特别是典型案例的处理和公开宣布，在规范行业行为和促进行业发展方面发挥着重要作用。

要切实维护消费者的合法权益，金融机构作为提供服务的一方需不断强化服务理念。近年来，金融机构对于消费者保护的重视程度有所提升，但在服务过程中仍然存在规定僵化、服务瑕疵和投诉处理不到位等问题。

作为消费者，也需要不断提升风险意识。在实践中，部分金融消费者缺乏相关的金融专业知识，对风险的识别能力较差，盲目相信高回报，对投资项目和合同条款审查不仔细，并且不能及时止损以应对风险。此外，有关部门应加强事前预防和事后处置，不断完善金融消费者保护机制，通过多元矛盾纠纷解决程序和机制妥善处理消费者投诉，从而有效保护消费者的权益，节约司法资源。

思考一下

网上搜索一下，国家为实现全面金融监管都做了哪些法律方面的工作？

知识梳理与归纳：（请绘制本项目的思维导图）

思考总结与心得分享：

项目七

跟进客户提供售后服务

知识目标

· 了解金融产品售后服务的定义和重要性。
· 了解金融产品售后服务的主要内容和服务原则。
· 了解导致客户抱怨和投诉的潜在诱因。
· 了解投诉抱怨处理的七个流程。

能力目标

· 能够用“5S”原则处理金融售后服务。
· 能够分析客户抱怨以及合理处理客户抱怨。

素养目标

· 树立正确的客户服务观念。
· 培养销售人员的职业素养和道德。

思政育人目标

· 树立客户至上和善于沟通的服务理念。

引导案例

基金售后与回访

在某投资公司的门店里，基金销售经理小齐遇到了一位名为李先生的投资者。李先生在前几个月内购买了该投资公司推出的一只股票型基金，投资金额相对较大。然而，最近该基金一直在亏损，甚至高达25%，因此李先生对该基金的表现感到十分失望。

面对客户的困扰，小齐决定与李先生进行一次回访，了解他的投资情况并提供帮助。在回访中，小齐首先表示非常理解李先生的困惑和失望，并表达了自己作为销售人员的责任和愿意帮助的诚意。然后，他询问李先生关于基金的具体投资形式和当时的投资心理。李先生还诉说了他的担忧，认为基金的业绩不及预期，并对投资所带来的亏损感到失望和焦虑。小齐积极倾听，并解释了市场的波动性以及存在的投资风险。他提醒李先生要有长期的投资眼光，并将短期亏损视为正常市场波动的一部分。

小齐还向李先生提供了一些针对他的投资组合的个性化建议。通过仔细了解李先生的风险承受能力和投资目标，他提出了分散投资、定期审查投资组合和持续学习的建议。此外，小齐还详细解释了基金的投资策略和市场前景，并分享了一些有关市场走势的信息。

在回访的最后，小齐鼓励李先生积极参与投资者教育活动，并提供了有关如何监控投资组合和调整投资策略的工具和资源。他保证将继续关注李先生的投资情况，并表示愿意随时提供帮助。

通过这次回访，小齐不仅解决了李先生的疑虑和困惑，也增强了他与李先生的信任和合作关系。小齐的专业知识、耐心倾听和个性化建议使李先生感到安慰，并激发了他对基金的信心。李先生表示愿意继续持有该股票基金，并对小齐的回访服务表示赞赏。

案例分析

这个案例展示了小齐售后回访的重要性。通过回访，小齐能够了解投资者的进一步需求和存在的问题，并提供个性化的建议和帮助。这种回访制度不仅有助于维护客户关系和增加客户满意度，还有助于增加客户的信任和忠诚度，进而推动金融产品销售和自身业务的发展。

课前自学

一、跟进售后服务与回访

（一）金融产品售后服务的定义和重要性

金融产品售后服务是指金融机构在销售金融产品后，为客户提供的持续支持和服务，包括解答疑问、提供投资建议、处理问题和投诉、更新产品信息等一系列活动。

目前，在日常的金融产品方面，种类越来越多，额度越来越大，消费的深度和广度都呈现上升趋势。比如：银行存款理财；保险产品，不管是保障类的还是医疗类的；债券、证券基金；等等。对于一个金融的消费者而言，有形商品的服务是在使用过程中出现问题之后才会用到，而金融产品的服务在持有过程当中发现有问题时，为时已晚。因此，作为金融销售人员，在售后为客户提供持续服务，帮助客户在投资思维、心态、风险控制等方面进行全面提升，有助于客户持续性购买和提高满意度。

由此，金融产品售后服务的重要性主要体现在以下几个方面。

（1）提升客户满意度：金融产品售后服务能够及时回应客户的需求和问题，解决客户的困惑和疑虑，提供专业的支持和帮助。通过有效的售后服务，可以使客户感到满意，并增加对机构以及销售人员本人的信任和忠诚度。

（2）增强产品竞争力：通过持续的售后服务，金融机构可以与客户建立良好的沟通和互动，以了解客户需求和反馈，及时调整和改进产品，使其更符合市场需求和客户期望。这有助于提升产品的市场竞争力，增加销售和市场份额。

（3）防范潜在风险：金融产品售后服务可以帮助机构及时发现和解决产品

可能存在的问题和风险。通过与客户的互动和反馈，机构可以识别潜在的风险点，并采取相应的措施进行纠正和改进，减少潜在纠纷和投诉的风险。

（4）推动可持续发展：良好的售后服务可以提升机构的声誉和品牌形象，吸引更多的客户和业务。满意的客户更可能成为忠实客户，推荐和推广机构的产品，为机构带来可持续的业务增长和发展。

由此可见，金融产品售后服务对于金融机构和客户都具有重要意义。通过提供专业支持和个性化服务，金融机构能够增强客户关系、提高产品竞争力、防范风险和推动可持续发展。积极投入并持续改进售后服务，将有助于增加客户满意度和忠诚度，提升市场竞争力，为机构的长远发展铺平道路。

阅读拓展

补短板：现阶段银行业金融产品售后服务提升方向

银行金融产品售后服务，是指银行基于自身的服务能力和资源，从维护客户正当利益和满足客户合理需求出发，为让客户能够更加安全、便捷、高效地使用金融产品，在产品销售之后向客户提供的后续服务。围绕金融消费者的基本权益和存在问题，从补齐现阶段银行售后服务的短板入手，应着重加强以下三个方面的金融产品售后服务。

（1）使用指导方面，银行需要向客户提供金融产品的基本使用方式和注意事项，确保客户能够安全、便捷地使用金融产品。同时，银行还应提供专业的使用指导，使客户了解相关金融知识和政策法规，以确保客户正确使用金融产品。此外，银行还可根据客户需求提供增值服务，如为小微贷款客户提供财务会计和纳税管理方面的指导服务。

（2）告知提醒方面，银行应提供到期告知提醒服务，及时提醒客户存款、理财产品等的到期情况，以避免客户因疏忽而导致的利息损失。同时，银行还需提供交易告知提醒服务，通过短信、电话等方式向客户发送每笔交易信息，保障客户的知情权和账户资金安全。对于涉及风险的金融产品，银行也应进行风险告知提醒，及时向客户提示市场风险和政策风险，提醒客户作出合理判断。

（3）处置疑难方面，银行应为客户解决在金融产品使用过程中遇到的问题。针对存款、理财产品等，银行应提供相应的帮助和咨询，协助客户解决疑难问题。此外，银行还应提供上门服务，为无法到银行办理业务的客户提供便利。

为加强银行金融产品售后服务，建议银行要从思想认识、建立规范、提供保障和技术支撑等方面着手。银行应增强对金融产品售后服务的重视，将其纳入金融消费者权益保护工作的范畴。建立金融产品售后服务的质量规范，明确服务内容和责任，为客户提供标准化的服务。同时，为售后服务提供人力资源和经费保障，确保服务质量，建立科学的绩效考评体系。银行还应利用现代技术手段，提供智能处理、任务查询以及成效分析等功能，提升服务效率和质量。

综上所述，银行金融产品售后服务的内容涉及使用指导、告知提醒和处置疑难等方面。为加强服务，银行需提高对服务的认识，建立规范并提供资源和技术支撑，以满足客户需求、维护客户利益，并增强银行竞争力。

（二）金融产品售后服务主要内容与“5S”服务原则

金融销售人员向客户销售金融产品后，还需要为客户提供一连串的售后服务。金融产品与一般消费品相比具有其独特性。

第一，虚拟性。金融产品主要是以数字化形式存在的，如股票、基金、保险等。与实物消费品相比，并不存在实际的物品可供客户触摸、感知或使用。比如，客户购买了一只股票，虽然他能看到相关的交易记录和股票数量，但无法实际触摸到或使用这只股票。

第二，投资属性。金融产品通常被视为一种投资工具，用于增加财富、实现长期盈利或实现特定的金融目标。与一般消费品不同，金融产品的购买往往需要考虑风险和收益的平衡。可见，客户购买了一只基金，目的是通过资本市场获得长期的投资回报，而不仅仅是满足短期的消费需求。

金融小知识

消费属性VS投资属性

消费属性是指金融产品被购买并使用以满足当前或短期的消费需求的特性。这类产品通常用于满足个人或家庭的日常开支、购买消费品或享受服务等。例如，一张信用卡是具有消费属性的金融产品。人们会使用信用卡进行购物或支付日常开支，享受购物便利和分期付款等服务。在社会生活中起到了提升消费品质，提前信贷的作用，最后推动国家发展。

而投资属性是指金融产品被购买以实现长期投资收益或实现特定的金融目标的特性。这类产品通常涵盖股票、债券、基金等，目的是增加财富、实现长期盈利或实现特定的投资目标。比如股票就是投资属性的金融产品。人们会购买股票以期望在公司盈利增长、股票价格上涨等情况下获得资本收益。

然而，某些金融产品可能既有消费属性又有投资属性，具体取决于个人的使用目的和投资策略。

总结起来，消费属性和投资属性用于描述金融产品的不同特性。消费属性的产品用于满足当前或短期的消费需求，如信用卡；而投资属性的产品则用于实现长期的投资回报或实现特定的金融目标，如股票。某些产品可能同时具有消费属性和投资属性，具体取决于个人的使用目的和投资策略。

第三，专业性与复杂性。金融产品通常涉及较高的专业知识和复杂的金融机制。客户需要理解和评估不同金融产品的特点、风险和回报，并作出相应的投资决策。比如，推销一份保险产品，销售人员需要帮助客户了解保险的各项条款、保额、理赔条件和保费计算方法，以便在购买时作出明智的决策。

第四， 长期性和持续服务。金融产品的购买往往是长期的投资，需要持续关注和服务。客户与金融机构之间建立的关系，通常不仅仅停留在购买阶段，还需要提供持续的售后服务以满足客户的需求。

由此可见，与一般消费品相比，金融产品具有其独特性。这些特点使金融产品在销售和售后服务过程中需要考虑特定的因素和提供相应的支持。 以下是金融产品售后服务的主要内容。

1. 产品信息服务

金融机构和销售团队在销售金融产品后，应向客户提供关于产品的详细信息，包括产品的特点、收益率、风险水平、交易方式等，以便客户了解和评估产品的适用性。金融机构还应提供在线和线下的咨询服务，以解答客户对产品的疑问。以基金为例，客户购买了一只新推出的基金产品，但对于该基金的运作方式和投资策略有些疑惑。金融机构销售人员应主动联系客户，耐心解答客户的问题，并提供相关的投资说明书和净值报告，帮助客户更好地了解和评估该基金的适宜性。如引导案例中的小齐，在客户承受亏损时对其进行心理辅导和投资者教育。

即学即用

你是否参加过投资者教育相关活动？你认为此类活动对于金融产品售后服务效果有什么样的促进作用？举例说明。

2. 交易结算服务

金融机构应为客户提供便捷的交易结算服务。对于基金、证券等金融产品，机构应确保交易的准确、及时执行，并提供交易明细和结算报告。对于保险产品，机构应及时处理索赔请求并提供相应的理赔报告。以股票投资为例，客户在交易后发现账户中未及时显示购买股票的交易明细和持有数量。客户联系了 VIP 客服部门，工作人员迅速定位了问题所在，并及时将交易明细和持仓信息准确无误地提供给了客户。

3. 资金管理服务

金融产品售后服务还包括资金管理服务。金融机构应为客户提供资金存管、资金转账、利息结算等服务，以便客户对金融产品的资金进行有效管理和使用。在银行柜台服务中，许多客户开户后希望将信用卡账户的余额转移到储蓄账户中，以便更好地管理个人资金。银行的网上银行平台提供了便捷的转账服务，客户只需通过网银 App 选择对应的账户，输入转账金额并确认，即可快速完成资金转移。

4. 投资组合管理服务

对于那些需要进行资产配置的金融产品，金融机构应提供投资组合管理服务。根据客户的风险承受能力、投资目标等要求，机构将客户资金合理配置在多种金融资产上，并提供定期的投资组合报告和调整建议。比如，许多谨慎的客户希望通过投资组合分散风险，并咨询金融机构的理财师。理财师针对客户的风险承受能力、投资目标和资金规模等因素，提供了多种资产组合方案，并经过讨论后与客户达成一致。理财师还应定期发送投资报告，对当前市场情况和投资组合表现进行分析和评估。

5. 风险管理服务

金融机构应为客户提供风险管理服务，包括市场风险、信用风险、操作风险等方面的管理。机构应向客户提供风险评估、风险警示和风险控制指引，并根据客户的实际情况提供相应的风险保障措施。以保险为例，客户购买了一份保险产品，遭遇意外事故导致车辆严重损失，需要进行理赔。保险公司的理赔专员应及时联系客户，提供理赔指引和所需材料清单，并在客户提交申请后，快速定损和核赔，最终将赔款及时转至客户的指定账户。

6. 定期报告服务

金融机构应按照约定，给客户定期提供有关产品的投资情况、回报率以及市场分析等报告。通过定期报告，客户可以及时了解到他们投资的情况和产品的表现，从而作出相应的调整。以银行为例，客户定期存款了一笔短期不用的钱，希望掌握自己的存款利息和到期日。银行应该为其定期发送提醒的电子邮件，其中包含该定期存款的利息计算方式以及到期日的提醒，以便客户及时规划和管理自己的资金。

7. 紧急救援服务

金融机构还应提供紧急救援服务。在如意外事故、紧急资金需求等情况下，客户可以通过金融机构获得及时的帮助和支持，以保障投资和资金的安全。例如，客户的银行卡在旅行途中遗失，急需紧急资金。客户通过银行的客服热线，联系到银行的紧急救援团队。团队为客户提供了临时卡片、现金预付卡或电汇等方式，确保客户在外地能够紧急获得资金支持，解决燃眉之急。

阅读拓展

回访：金融产品售后的关键工具

金融售后电话回访是一种通过电话与金融客户联系，收集他们对所获得产品或服务的满意度反馈的过程。这种回访的目的是与客户保持良好的关系，解决他们可能遇到的问题或疑虑，并收集宝贵的见解，以整体改善金融业客户体验。其中，金融客户满意度电话回访时需要考虑以下关键步骤。

（1）明确目标：明确回访的目标，如衡量整体满意度、确定改进的领域或解决特定问题。

（2）准备脚本：制订一个结构良好的脚本，包括介绍自己、回访目的、需要询问的问题以及对常见情况的适当回应。脚本应简洁、专业，并根据特定的金融业客户群体或问题进行调整。

（3）培训和介绍：确保进行回访电话的员工接受了脚本、金融业客户服务技巧以及如何处理各种金融业客户反馈的培训。为他们提供必要的信息和资源，以便能够有效处理金融业客户的问题。

（4）数据收集：使用结构化的问卷或调查收集金融业客户的相关信息。这可能包括询问他们对金融产品的整体满意度、产品或服务的具体方面、推荐公司的可能性以及他们可能提出的特定问题或建议。

（5）积极倾听和同理心：在电话中，积极倾听金融业客户的反馈、疑虑或投诉，表达同理心和理解，并向他们保证他们的反馈是有价值的。根据他们的评论作出恰当的回应，并在必要时提供解决方案或将问题上报给相关部门。

（6）记录和分析数据：记录回访电话中收到的回答和反馈。整理和分析这些数据，以确定常见的趋势、需要改进的领域或反复出现的问题。这些信息可以帮助金融机构优先考虑行动，并推动有意义的变革。

（7）跟进行动：根据收到的反馈，采取适当的行动来解决金融业客户关切、解决问题或进行改进。向金融业客户传达所采取的行动，以展示对金融业客户满意度的响应和承诺。

（8）持续改进：利用从回访电话中获得的见解，在产品、服务和金融业客户互动方面进行持续改进。根据金融业客户反馈和不断变化的需求，定期审查和更新回访过程。

电话回访话术：

客服：XX先生/女士，您好！我是××品牌客服中心的×××(姓名)，工号是×××，打扰一下，根据我们的记录，您的车险赔付已经完成。现在想请您对整个赔付过程进行评价，您对我们的服务是很满意、满意、一般，还是不满意呢?

顾客1：不满意/一般

客服：非常抱歉给您带来的不愉快体验，也感谢您的反馈。请问在赔付过程中是否遇到什么问题或不如意的地方呢？我们非常重视您的反馈，请告诉我们，我们会记录并尽力改进。

根据顾客反馈的问题，可精确回答如下。

客服：感谢您的反馈和意见，我们已经记录下来了。为了解决问题，我们将尽快联系您的理赔专员，并与您沟通解决方案。同时，我们会对赔付流程进行内部审查，加强培训和改进，以提供更好的服务。

客服：非常抱歉给您带来困扰，我们已经记录下您的意见，并将其及时反馈给相关部门进行处理。我们会加强内部培训，改进工作流程和沟通方式，确保以后为您提供更好的服务和产品。

顾客2：满意/很满意

客服：非常感谢您的好评！您的满意就是我们努力的目标。如果方便的话，是否可以抽出两分钟时间对我们的服务进行更详细的评价？您的反馈对于我们改进和提高服务质量非常重要。

保险公司客户电话回访评价见表7-1。

表 7-1 保险公司客户电话回访评价

回访日期:		回访人:	
序号	问题	评价（是 / 否）	备注
1	在您申请理赔的过程中，是否遇到了等待时间过长的情况?		
2	您是否在理赔过程中需要提供大量烦琐的文件和资料?		
3	您是否容易找到相关的理赔信息和文件提交的渠道?		
4	在理赔过程中，您与保险公司的客服能否顺畅沟通和联系?		
5	如果出现争议，您认为保险公司是否提供了合理的解决方案和交流渠道?		
6	在整个理赔过程中，您对保险公司和工作人员的专业水平是否满意?		
7	您对保险公司的理赔速度是否满意?		
8	您对保险公司的赔偿金额和方式是否满意?		
9	您对保险公司的理赔流程是否清晰易懂? 如果不清晰，您认为应该如何改进?		
10	您在理赔过程中是否遇到了什么问题或困难? 如果是，请详细描述。		

客服：感谢您的耐心评价，后期如果有其他问题欢迎拨打 ×××××，这是我们的客服电话，感谢您的接听，祝您生活愉快!

由此可见，金融售后电话回访是加强金融业客户关系、解决问题和收集宝贵见解的机会。在进行回访时，应专业、充满同理心，并注重提供积极的金融业客户体验。

金融产品售后服务是金融机构和销售人员建立品牌口碑和提升客户满意度的重要途径。在售后服务过程中，以下“5S”原则必须持续坚持。

（1）微笑（Smile）：在金融销售售后服务中，服务人员需要展现微笑，表达对客户的感谢和体贴。他们要通过微笑传递亲切和友善的态度，以增强客户的满意度和信任感。例如，银行柜台工作人员在为客户解答咨询或处理业务时，需要面带微笑，给予客户安全感和宾至如归的感觉。

（2）迅速（Speed）：在金融销售售后服务中，服务人员需要快速地提供解决方案或办理业务，不让客户长时间等待。迅速的响应和处理是提升客户满意度的关键。例如，保险理赔的售后服务人员应该高效地核实信息、处理赔款，并及时与客户沟通，确保一个顺畅的理赔过程。

（3）诚恳（Sincerity）：在金融销售售后服务中，服务人员需要以真诚和不虚伪的态度来对待客户，并全心全意地为客户提供服务。他们要表现出对客户的尊重和关心，并以诚意服务建立客户的信任和忠诚。例如，投资顾问在与客户沟通时，应提供真实的建议和信息，以帮助客户作出明智的投资决策。

（4）灵巧（Smart）：在金融销售售后服务中，服务人员需要展现精明、整洁和利落的形象和工作方式。他们要以专业且优雅的态度和动作来接待客户，给客户留下良好的第一印象。例如，贷款顾问在与客户沟通时，要以专业形象出现并整理好文件和资料，使交流过程更加顺畅和高效。

（5）研究（Study）：在金融销售售后服务中，服务人员需要不断学习和研究客户的需求和行业知识，以提升自己的专业素养和销售能力。要不断更新知识，了解金融产品和服务动态，并主动与客户进行交流，以满足客户的需求。例如，理财顾问要持续学习最新的投资理财知识，为客户提供有效的理财组合建议和方案。

通过坚持服务业售后的“5S”原则，金融销售的售后服务人员能够提供更好的服务质量和客户体验。这不仅能够增加客户的满意度，还能够提升服务人员的能力和企业的业绩。这种三赢的效果使客户、服务人员和企业都得到了利益和成长。

二、处理客户抱怨与投诉

随着金融产品类型的多样化和客户对服务的认知提升，客户对于保护自身权益的要求也越来越高。以客户为中心，处理好客户抱怨与投诉从而提供满意的售后服务，是金融机构在竞争激烈的市场中生存和发展的关键。特别是能将投诉处理作为提升客户满意度、增加客户价值的突破口，成为许多金融机构关注的课题。作为金融售后服务人员或管理者，我们必须清醒地认识客户投诉的重要性，这样才能更有效地提升客户满意度，做好金融产品售后服务工作。

（一）导致客户抱怨和投诉的潜在诱因

1. 服务质量

销售人员对金融产品售后服务的态度直接影响客户的感受。正如上面案例中提到的，金融产品销售人员对“告知提醒”“使用指导”以及“疑难解惑”三个方面若处理不好，往往会引发客户的投诉和不满。

除此之外，服务效率也是服务质量另一个重要表现。例如，银行也应该努力提高服务效率，若无法简化服务流程、增加办理窗口、提升员工的操作熟练度等，顾客的抱怨和投诉会大幅增加。

2. 软硬件设备

以证券 App 为例，当推荐客户开通证券账户以及安装对应 App 后，客户深感 App 设计不人性化可能导致操作不当，容易引发客户的抱怨和投诉。如操作复杂：App 的界面布局、菜单分类和操作流程过于复杂，用户很难快速找到需要的功能和操作步骤。这会导致用户在使用过程中出现困惑和迷失，增加了错误操作的可能性。或者信息不清晰：证券 App 如果在展示交易信息、账户余额、投资组合等方面呈现出模糊、混乱或缺乏足够的细节，用户很难准确了解自己的投资情况和账户状况。这会引发用户的疑虑和不信任，进而导致投诉和质疑。

3. 流程制度

很多时候，金融机构会有严格的制度和办事流程，这也是容易导致抱怨和投诉的诱因。以保险赔付为例，制度和流程问题可能导致赔付流程烦琐，比如需要客户提供大量繁杂的文件和资料，或者需要多次地依次提交赔付材料，这会给客户带来不便和困扰。客户可能会抱怨赔付过程的复杂性和耗费时间的长。另外，有时保险公司延迟赔付或拖延赔付处理，客户可能感受到被忽视和不公平对待，就会对保险公司提出投诉。

4. 客户自身

有些时候，许多抱怨是源于客户自身问题，如沟通不畅或者误解。

课堂案例

某日早上，某银行营业厅刚开门营业，一位大娘就急匆匆地跑进来，生气地说："我昨天在这里取的1万元钱，今天早上一点怎么就不对了，整整少了1000元，你们银行怎么这样，居然少给我钱，你们赶紧给我补回来。"

大堂经理看大娘很激动的样子，诚恳地说："大娘，您千万别着急，这钱一定少不了。"为避免影响其他客户，当客户情绪稳定一些，大堂经理便顺势将客户引领到贵宾室，并给她沏上热茶，请她详细介绍当时的过程。随后又找出当时的录像回放，让她亲自确认当班柜员的清点和付款过程，再让大娘仔细回想，自己或者家人是否有用过这笔钱。

大娘在大堂经理的劝慰下，仔细回想，并打电话询问家人。原来大娘的儿子昨晚有急用，情急之下拿了大娘的钱忘记告知了，才导致了这场误会。

该案例展示了处理客户抱怨和投诉问题时的重要原则：耐心倾听和设身处地为客户着想。在处理这类问题时，员工应当认真倾听客户的讲述，并试图找出问题所在。通过细心调查和核实，可以避免误会和冲突，进而提供贴心的服务和解决方案。这种用心为客户服务的态度能够提高客户的满意度，并维护良好的客户关系。

金融服务小知识

客户投诉抱怨的五种心理

1. 寻求发泄

这类客户情绪易波动，在接受服务时若受到挫折，容易产生怒气和抱怨。客户想把怒气和不满的情绪宣泄出来，释放和缓解郁闷不快的心情，以维持心理上的平衡。面对这类客户，服务人员耐心倾听是帮助客户宣泄不良情绪的最好方式，切忌打断客户。在帮助客户宣泄情绪的同时，还要尽可能营造愉悦的氛围，引导客户的情绪，但需要注意客户的个性特征并把握好尺度。

2. 获得尊重

这类客户的感情极为丰富且较为敏感，自尊心也非常强，他们在接受服务的过程中受到了挫折和不快，往往会认为自己的投诉是很有道理的，希望通过投诉让自己所遇到的问题受到关注和重视，并得到认同和尊重。服务人员对客户的感受、情绪要表示充分的理解和认同，及时回应客户，表示歉意和答复，这些做法通常会被客户看作是否得到尊重的表现。如果客户有不当之处，也要用聪明的方法让客户有台阶下，这可以满足客户的自尊心，让问题处理得更顺利。

3. 获得补偿

这类客户维权意识较强，投诉的目的基本在于得到补偿。客户希望通过投诉获得物质上的补偿和精神上的补偿。如果客户在投诉的过程中花费了很多的时间和精力，很多客户都会要求对其进行补偿和赔偿。这种补偿和赔偿通常分为两种：第一种是客户要求公开进行道歉，承认因为服务人员的失误给客户造成了麻烦，这就是精神层面的；第二种赔偿是物质层面的，很多客户在投诉过后，要求附送些礼品或进行经济补偿。

4. 善意督促

这类客户往往对机构的业务和流程较为熟悉，具备一定的文化修养。这些客户投诉是出于善意的督促，既是在投诉和批评，又是在建议和指导。他们希望通过投诉督促机构进行改进，或者代表广大客户来讨个说法，他们乐于通过这种方式获得成就感。而服务人员可以根据客户提出的争议点，充分准备好应对资料，利用客户的表现心理，适当赞扬客户，引导客户做一个有修养、理智的人。

5. 故意刁难

这类客户自我意识较强，情绪容易波动，甚至会不计个人得失，只想让对方难受，为自己出一口气。这类客户投诉时，往往对于结果有着粗略却理性的预期，当客户的预期与得到的结果相差过大，或是客户在宣泄情绪过程中受阻，或受到新的伤害时，某些客户可能会产生报复的心理。对待这类客户，服务人员的耐心尤为重要，要注意以恰当的语言、和善的态度安抚客户。在帮助客户宣泄情绪的同时，服务人员还要通过各种方式，让双方的沟通恢复理性。

（二）投诉抱怨处理七个流程

1. 迅速带离客户

客户公开投诉抱怨具有很强的传播力，客户过于情绪化的抱怨也会影响营业的氛围和其他客户的好感。因此，当遇到客户投诉抱怨时，服务人员应迅速作出反应，在表达关心和重视的同时，将客户带离现场引导至相对独立、宁静、舒适的空间，如客户接待室或贵宾室。请客户坐下来并马上倒一杯热茶给客户。长期的客户服务经验表明，客户坐下来后会明显降低怒火，如果再聪明地给客户递上一杯热茶，那么客户的情绪会发生很大的转变。

在分离客户时，要以"急客户所急"的态度引导客户，常见话术如下：

"是的，您说的问题确实很重要，一定要马上解决。×先生/女士，为了尽快帮助您处理，请到我们的贵宾室。"

一定不要说是为了"不影响其他客户"，因为这样反而更容易引起客户的反感或抗拒。

带离沟通是控制矛盾的关键，绝不能在网点、厅堂等喧闹的区域处理，以避免客户投诉时的激烈情绪和批评在公共场合传播，造成更大的负面影响。如果是线上抱怨的话可以忽略这一步骤。

2. 安抚客户情绪

当客户表示不满时，大多数只想表达自己此刻的情绪和解决问题。这时客户的情绪往往很激动，需要先发泄自己的情绪，倾诉不满。记住，只有在客户发泄完后，他们才会听我们说。此时，服务人员需要耐心倾听，避免与客户争辩，千万不要情绪失控与客户对抗。一旦发生争论，只会加剧矛盾，达不到预期效果。因此，要先安抚客户的情绪，再处理问题。在客户发泄情绪的过程中，常见的回应话术如下：

"我理解您的感受！""我明白您的意思！""是的，遇到这种情况我也会不开心。"

避免使用负面表达方式：

> “您可能不明白……”“您肯定弄混了……”“您应该……”“我们不会……”“我们从没……我们不可能……”“您搞错了……”“这不可能……”“您不要激动……”“您不要叫……”“您要冷静一点……”

通过细心倾听，可以发现对解决问题有用的信息。也许客户此时更多的是在表达自己的感受和观点，但这些同样对解决问题具有一定的参考价值。当发现重要的信息时，可以通过适时重复来确认，话术如下：

> “您的意思是……”“……真的吗？”
>
> “关于刚才发生的事情，经过您这么一说，我们已经了解了具体情况，我也记录下来了……”

当客户的情绪得到安抚后，可以提高解决问题的效率，客户回头率也会更高。因此，在处理客户投诉时，要先安抚客户的情绪，帮助客户恢复理性，才能找到投诉和抱怨的真正原因，并采取有针对性的措施进行处理。

3. 充分道歉

很多人认为向客户道歉会使金融机构丢面子，让自己承担责任。事实上，这种想法是不合逻辑的。道歉表明了银行对客户的诚意，可以让客户感到自己的价值和重要性，只会让客户更加认同我们。同时，在处理客户投诉抱怨时，无论是谁的过错，都不要在客户面前责备其他同事、责怪银行的规章制度，或为自己找借口，因为客户需要的是解决问题，他对是谁的错误不感兴趣。找借口或责怪其他同事只会让客户觉得自己不被重视。

道歉不是认错，而是让客户知道我们对他的遭遇表示遗憾。毕竟，因为我们工作不够完善或没有做到位，才导致投诉的产生，给客户带来了麻烦。我们的表达是对客户的重视和对处理投诉的真诚，并且会尽快找到解决办法。客户会对这种转变感到满意，怒火也会降低。可以运用以下话术：

> “很抱歉我们让您感到失望了。”“抱歉给您带来了不便。”
>
> “您的话提醒了我们……谢谢！”

4. 收集足够的信息

当上述三步结束时，问题还没有得到真正解决。这时需要通过提问进一步收集信息，解决客户的问题。尽管客户在发泄情绪时说了很多话，但可能会忽略一些重要的信息。因此，服务人员可以通过提问收集更完整的信息，了解客户真正的需求，正确地解决问题。除了可以收集更多的信息，提问还可以引导客户跟随我们的思路，避免他们漫无边际地抱怨。有些员工担心提问会打断客户的话语，给客户带来压力。但事实上，如果不通过提问收集足够的信息，最终给出的解决办法很可能是错误的，到那时后果将会更严重。

当客户的情绪稍微平息后，售后服务人员开始探究原因和澄清事实，话术如下：

> “请问当时的情况是……”“您急着取出这么多钱是为了……”
> “您觉得我们在哪些方面做得还不够好呢？”
> “您觉得我们还有哪些方面需要改进呢？”

要问有用、有价值的问题，弄清楚客户到底想要什么，尽快判断并形成有效的解决方案。在听客户的回答时，要适时重复以确保自己理解的与客户所说的一致。

5. 讨论解决方案

在明确客户问题之后，下一步是将重点从互动转移到解决方案上。所有客户的投诉都必须提供解决问题的方案，问题不在于谁对谁错，而在于双方通过探讨解决客户问题。因此，首先要理解问题的重点，分析客户的核心需求是什么？是否能够在自己的能力范围内解决？现在是否能够解决？如果不能解决，有无替代方案？

服务人员可以主动提出：

> “您认为这个问题应该如何处理呢？”

如果客户提出的要求超出合理范围或超出权限，要正确把握尺度，降低客户的期望值。服务人员可以说：

> “我们也很希望能帮您解决这个问题，但这已超出了我的服务范围。”

对于原则性问题，要用委婉的语气明确告诉客户，并向客户解释解决问题所需的时间和原因。如果客户不认可或拒绝接受解决方案，可以转给后台处理并进行有效缓冲，或以客户利益为导向进行婉拒，话术如下：

“机构也是为了保障客户的利益和资金安全，所以……希望您能理解。”

然后寻求一致的解决方案，及时征询客户的意见：“您对这样的方式还满意吗？”适当的时候可以送给客户一些小礼品缓和气氛，通过与客户的亲朋好友解决问题，直到客户对解决方案满意为止。

6. 迅速采取行动

当双方对解决方案达成一致时，需要怀着紧迫感，按照解决方案迅速采取行动。对于能够当场解决的问题，需要立即为客户处理，决不能拖延；对于暂时无法答复或需要转给后台相关部门处理的问题，根据问题处理的流程，给客户承诺相关处理时间，并向客户解释情况以取得客户的认同。在处理过程中，无论进展如何，到了承诺的时间都需要向客户答复，直到问题完全解决，让投诉客户对处理结果感到满意。

7. 客户跟踪回访

客户跟踪回访是处理客户投诉时容易忽视的一个环节，回访形式上文已介绍，此处就不再赘述。总体需要传达的意思应有下面四句话术：

第一句话是再次为给客户带来的不便表示歉意：“非常抱歉给您带来了不便。”

第二句话是感谢客户对银行的信任和惠顾：“您是我们最重要的客户，感谢您一直以来对我们工作的支持。”

第三句话同样是向客户表示感谢，因为客户的建议让银行发现问题并了解不足：“您提出的建议也是对我们工作的督促，让我们能够及时发现问题和不足。”

第四句话是向客户表明决心，让客户知道我们会努力改进工作：“我们非常重视您的建议，将会努力改进，今后将为您提供更加优质的服务。”

通过上述七步解决任何客户投诉后，销售人员应将客户信息和投诉事件记录下来，无论客户投诉的理由是否充分，都对我们的工作起到了积极推动的作用。正所谓“有则改之，无则加勉”。只要真诚对待客户，掌握处理客户投诉的技巧并妥善地解决问题，我们就能够拉近与客户的距离，不断提升服务水平。

课后提升

案例研读

投诉抱怨处理六“换”技巧

1. 换“人”——高阶主管

将发生争吵的服务人员与客户分开，换网点管理者进行处理，让客户感受到被重视，而且可以利用人数优势给客户带来受重视之感。

2. 换“地”——离开厅堂

将投诉客户从喧嚣的营业厅邀请到客户洽谈室或贵宾室，在避免负面情绪传播的同时，采用场景的转化来缓解客户激烈的情绪，让客户在安静、舒适的环境中平复心情。

3. 换“心”——换位思考

以心相许，客户在服务过程中受到挫折，是完全有理由发泄他的情绪的，在客户倾诉时我们要充分表现出认同客户的感受，用同理心去倾听。

4. 换“情”——转换心态

以积极的态度对待客户的投诉、不争辩、不推诿、不站在客户的对立面，本着让客户满意为目的，积极为客户解决问题。

5. 换“座”——平排座位

心理学研究表明，站着沟通往往比坐着沟通更容易产生冲突，而处理投诉时要避免与客户隔着桌子面对面坐，因为这样很容易让客户感觉像在对立面进行谈判。最好是平排坐在客户的侧面，甚至在接待投诉客户的地方安放舒适的沙发。

6. 换“时”——答复时间

承诺答复时间，让客户先回去，在承诺时间内给予客户答复，同时利用时间冷却客户激动的情绪。

思考一下

你是否有过投诉和抱怨的经历，回想一下他们是否有尝试上述六“换”技巧，举例说明一下。

金融思政

以客户为中心 不断提升金融服务品质

2023 年 1 月 14 日上午，位于四川省雅安市的中国建设银行（以下简称建行）挺进路支行如同平日里一样早早开门，准备迎接新一天的工作。而与往常不一样的是，此时，一位老奶奶已等在了门口。看到建行工作人员，老奶奶赶紧上前递给了他一封信，然后笑着离开了。

工作人员带着疑虑打开了信封，“感谢信”三个字赫然映入眼帘。“我们谁也没想到，老奶奶在这么冷的天里，一大早等在门口就是为了送一封感谢信。”该名工作人员说。

原来，老奶奶 1 月 13 日到该网点办理业务时，被柜台工作人员宋继平耐心细致的服务感动，于是写下了这封信，以表达自己的感谢。老奶奶在信中表示，宋继平对工作认真负责，服务耐心细致，让她深受感动。

“一封薄薄的信，是客户对我们沉甸甸的信任，让我们在寒冷冬天里倍感温暖。”宋继平说，这不仅是对他工作的肯定，更是对建行挺进路支行优质金融服务的鼓励。

金杯银杯不如客户的口碑，金奖银奖不如客户的夸奖。一直以来，建行挺进路支行始终坚持“以客户为中心”的服务理念，高度重视业务精细化、办事高效化、服务优质化，坚持合规制度与人性化服务相结合，为客户提供优质温馨的金融服务。建行挺进路支行有关负责人表示，接下来，将继续围绕客户需求，进一步完善网点服务环境和管理体系，提升客户体验，深化“以客户为中心”理念，为客户提供更加优质的金融服务。

思考一下

金融行业客户口碑为什么如此重要?

知识点测试

（一）选择题

1. 以下哪个不是金融产品售后服务的重要方面？（　　）

A. 提升客户满意度　B. 减少客户咨询频率

C. 防范潜在风险　　D. 推动可持续发展

2. 下列选项哪个是描述金融产品与一般消费品相比的特点？（　　）

A. 消费属性　B. 投资属性　C. 专业性与复杂性　D. 长期性和持续服务

3. 以下哪个不属于“5S”原则？（　　）

A. 微笑　　B. 迅速　　C. 诚恳　　D. 勤奋

4. 下面属于客户投诉抱怨的是？（　　）

A. 寻求发泄　B. 故意刁难　C. 获得补偿　D. 善意督促

5. 以下属于导致客户抱怨和投诉的潜在诱因的是？（　　）

A. 沟通渠道　B. 软硬件设备　C. 流程制度　D. 客户自身

（二）简答题

1. 请简要描述投诉抱怨处理的七个流程步骤。

2. 请简要描述投诉抱怨处理六“换”技巧的流程步骤。

3. “5S”原则包括哪些？

4. 金融客户满意度电话回访时需要考虑的关键步骤有哪些？

课中实训

实训一：跟进售后服务与回访

实训目标：

学生能通过小组合作的形式，设计电话回访话术和满意度调查。

任务描述：

金融销售人员通过售后服务可以为客户提供持续服务，帮助客户在投资思维、心态、风险控制等方面提升有助于客户持续性购买和满意度。因此，结合“项目六”中的“实训一”中选择的金融产品设计回访话术以及满意度调查。

任务要求：

以小组为单位，围绕着“项目六”中的“实训一”中所选的金融产品，模拟售后回访设计一份电话回访话术以及满意度调查表，最后将任务的成果填写在表7-2中。

表7-2 电话回访话术以及满意度调查

实训二：处理客户抱怨与投诉

实训目标：

学生能通过小组合作的形式，模拟客户抱怨和投诉处理流程。

任务描述：

以客户为中心，处理好客户抱怨与投诉，从而提供满意的售后服务，是金融机构在竞争激烈的市场中生存和发展的关键。因此，结合上述抱怨和投诉处理，提出解决办法。

任务要求：

以小组为单位，每个小组针对“实训一”的选定产品，结合“项目七”中提到的“客户投诉抱怨的五种心理”以及“抱怨与投诉诱因”，思考可能存在的产品投诉或抱怨。另一部分小组成员扮演售后服务人员根据“投诉抱怨处理七个流程”处理抱怨和投诉，并拍摄成短视频，在课堂分享，最后将任务的成果填写在表 7–3 中。

表 7–3 抱怨和投诉处理角色扮演

课后提升

金融知识

金融知识普及：为什么说保险回访很重要

什么是新契约回访?

新契约回访又称为“新单业务回访”，是指保险公司对于合同期限超过一年的人身保险新单业务进行的回访，旨在确认投保人对保险合同保障责任内容和犹豫期等相关权益的知悉。回访一般在投保人签收保单后的一段时间（犹豫期）内进行。

为什么要重视新契约回访?

为了确保消费者的知情权，防范销售误导，监管部门规定合同期限超过一年的人身保险新单业务必须进行回访。新契约回访是对保险合同中的保险权益再回顾的过程，关系到消费者的切身利益。投保人应认真核对保险单内容、阅读保险合同条款。在实际操作中，部分消费者往往忽视甚至不愿配合接受回访，这会使消费者失去了一个更好地了解自己所购买保险的机会，并有可能产生由于信息错误、退保损失等问题引发的一系列纠纷。因此，消费者在接到回访电话时应认真对待，如实告知，维护自身合法权益。如果消费者遇到不理解的内容，可以及时向保险公司咨询，如果发现所购买保险和自己的需求确实不一致，可以在犹豫期内退保，将损失降到最低。

回访的主要内容有哪些?

根据监管相关规定，消费者接到的回访一般包括以下内容：

（1）确认受访人是否为投保人本人；

（2）确认投保人是否购买了该保险产品以及投保人和被保险人是否按照要求亲笔签名；

（3）确认投保人是否已经阅读并理解产品说明书和投保提示的内容；

（4）确认投保人是否知悉保险责任、责任免除和保险期间；

（5）确认投保人是否知悉退保可能受到的损失；

（6）确认投保人是否知悉犹豫期的起算时间、期间以及享有的权利；

（7）采用期缴方式的，确认投保人是否了解缴费期间和缴费频率。

如果投保人购买的是分红险、万能险或投连险等新型保险产品，回访中的内容还会包括利益不确定性等与保单权益相关的内容。

应对回访的注意事项有如下几点。

（1）投保人接到回访电话后，应首先核对投保人、被保险人、受益人信息是否有误，特别是姓名和身份证号等关键信息。

（2）保险合同的保险责任和除外责任都是非常关键的内容，如有不明白的地方可向回访的工作人员咨询。

（3）回访中保险公司还会与投保人核对保险合同的保障时间、缴费时间、犹豫期等重要内容。部分重疾险、寿险的缴费时间较长，可能达到 20~30 年，保障时间同样较长，最长为终身保障。保险公司在电话回访过程中，工作人员一般会梳理三个重要的时间告知消费者：保险的保障时间、缴费时间、犹豫期。其中的犹豫期，又称为“无条件退保期间”，指投保人签收保单后，在一定的期限（一般为 10~15 日）内可以无条件退保。犹豫期内退保，保险公司在扣除成本费（一般不超过 10 元）后，将退还全部保费，并不再收取其他任何费用。如果超过犹豫期退保，保险公司将只退还保单当时的现金价值，投保人可能会有较大资金损失。

知识梳理与归纳：（请绘制本项目的思维导图）

思考总结与心得分享：

项目八

长期维护客户关系

知识目标

· 了解客户档案的基本内容。
· 了解客户满意度的作用。
· 了解客户流失的原因。
· 了解客户的终身价值计算方法。

能力目标

· 能够利用 CRM 建立客户档案。
· 能够计算客户终身价值。

素养目标

· 学会处理人际关系特别是客户关系。
· 为客户提供满意的服务。

思政育人目标

· 树立“以人为本，服务至上”的工作理念。

引导案例

微博大V不满银行

2021年10月16日，某微博大V发文称，去了一趟××银行，称这是有史以来见过的服务态度意识最差的银行，决定把存款全部取走，先取500万元现金，并全部清点。

大V或许真的有委屈，但我们还是不能给他点赞。因为，耗费银行网点的人力物力，也是在牺牲大家的时间，耽误其他人接受服务。在以往，一些倔强不服输的人，因不满银行服务，存一元取一元霸占柜台一上午、一下午的事也经常发生。从本质上来说，他们两者的行为性质差不多，都是在赌一口气，于事无益、无补。当然，也不排除他搞这么大的动静，就是为了把事搞热闹，借自己的大V身份，把银行的名声搞臭，也能扩大传播效果，让银行“尝尝厉害”。但这么一闹，还把自己的格局搞小了，还有可能有理闹成无理。

维权的目的是保障自己的权益，督促银行闻过则改，不能走极端。看了大V的文章，通篇只是说银行服务从上到下态度差、被保安翻白眼之类，其实这都是现场可以解决的纠纷和矛盾。另外，银行方面也应该反思，不说视顾客为上帝，尊重顾客，对顾客人人平等，也是个基本的底线。

思考一下

作为银行工作人员，你觉得在实际工作中应当如何避免这样的事情发生呢？请给出3条建议。

课前自学

一、建立客户档案与CRM系统应用

持续保持金融产品销售的关键就在于稳定现有的老顾客，同时吸引新顾客并促使他们变成老顾客。首先，要深刻理解长期客户维护在金融产品销售中的重要性。客户都是个体，唯有真诚地待人方可打动他们，赢得他们的信任。

（一）建立客户档案

老客户是那些已经购买和使用相关金融产品的人，且对该金融机构、产品或销售代表产生了信心，持续地表现出购买意愿和行动。因此，每个金融机构都需要创建详细的客户档案资料。这些档案资料应该包括客户的基本信息以及客户的喜好和偏好等方面的记录。

紧接着，通过建立有效的客户档案，我们可以利用客户关系管理（CRM）系统将客户信息整理成有条理的数据库，并在每次老客户交易后及时更新数据库。此外，定期与老客户进行沟通和交流，能够有效地减少客户流失。此外，借助数据库，我们还能够进行差异分析，从中识别出潜在的重要客户。

然而，档案登记对于客户而言是一种隐私权让渡。因此，下列事项需要销售与服务人员注意。

以友好的服务态度让客户感到舒适，告知他们登记档案的目的是更好地服务他们，并且承诺客户的个人信息将被严格保密。

设计并介绍品牌 VIP 的级别和成为 VIP 所需的基本要求以及 VIP 客户的特权和福利，让客户了解 VIP 管理制度。

在与客户关系建立的初期，通常只需询问客户的姓名和联系电话，如果客户愿意，还可以询问生日和通信地址等信息。其他信息可以在深入的沟通中逐渐获取。

> 基础资料包括：
>
> 姓名、性别、会员卡号、开卡日期、手机号码、卡号类型、生日、消费总金额、消费总次数、最后消费时间、推荐人、备注、家居顾问、职业、微信、生日类型、身份证号、家庭住址、单位地址、教育程度、家庭信息、交通工具、喜欢话题、禁忌话题、颜色偏好、顾客标识、规格要求等。

具体的客户档案步骤如下。

步骤一：制作客户档案明细目录。

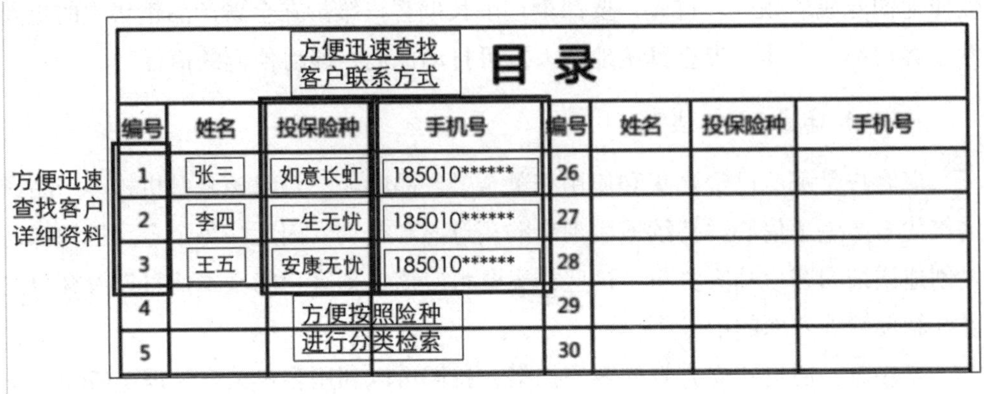

步骤二：制作客户档案基础信息。

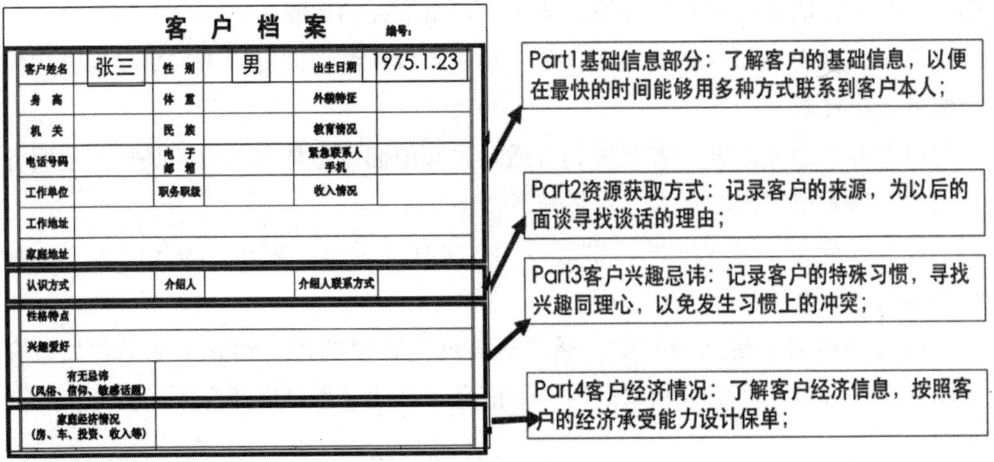

步骤三：制作客户档案关系信息。

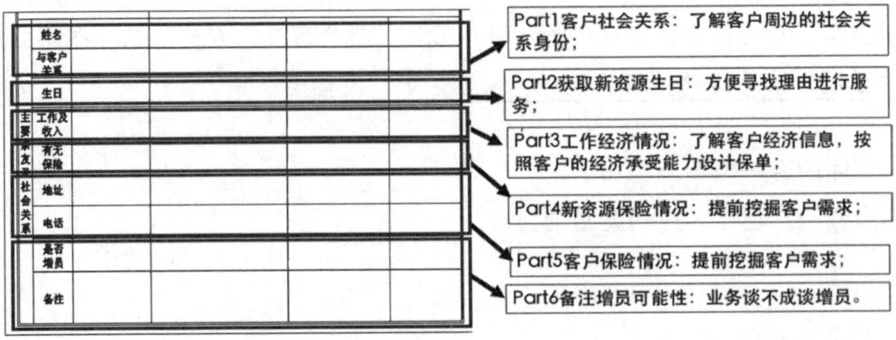

步骤四：制作客户档案投保信息。

投保情况	险种（保额）					
	附加险					
	投保公司					
	被保险人					
	收益人					
	投保时间					
	缴费期限					
	保险期限					
	保　费					
	保障缺口（检查日期）					
	综合金融产品购买情况					

客户保险投保情况：利用保单体检的方式了解客户的保单持有情况，有助于按照挖掘客户的保障缺口，从而激发客户的需求，促成新单。

步骤五：制作客户档案服务过程信息。

访问保全服务参加活动记录	时间	形式	沟通重点内容（话题、礼品、再访问约定）

客户服务记录情况：记录客户服务的内容，以及话题和礼品的信息，方便后续的追踪，以及后续的跟进。

建立客户档案只是长期维护客户的第一步，接下来要借助信息化的工具和手段提升信息的可挖掘度、数据可视度和共享度。最常见的即是 CRM 系统。

（二）CRM 系统应用

CRM（Customer Relationship Management）系统是一种旨在帮助组织有效管理客户互动和关系的软件工具或平台。该系统通过收集、存储和分析客户信息，追踪客户互动和交流，帮助企业更好地了解客户需求、行为和偏好。CRM 系统还提供工具，帮助销售、市场营销和客户服务团队有效合作，以提高客户满意度、促进销售增长，并提高客户保留率。它有助于组织稳固客户关系、提升业务效率，并取得销售业务成功。

CRM 系统的主要作用如下。

（1）客户信息管理：CRM 系统允许组织收集和存储客户的基本信息，包括联系信息、购买历史、互动记录等，以建立客户档案。这有助于更好地了解客户，个性化互动，并为客户提供更好的服务。

（2）销售管理：CRM 系统可以帮助销售团队跟踪潜在客户和销售机会，管理销售流程，设置提醒和任务，确保销售机会不会被遗漏。它还提供销售预测和报告，以支持销售决策和业绩监控。

（3）市场营销自动化：CRM 系统允许市场营销创建团队并执行市场营销活动，包括电子邮件营销、社交媒体管理、广告跟踪等。它可以帮助识别潜在客户，评估市场活动效果，并优化市场策略。

（4）客户服务和支持：CRM 系统支持客户服务团队记录和跟踪客户问题、投诉和请求，及时响应和解决问题。还可以建立知识库和自助服务渠道，提高客户满意度。

（5）分析和报告：CRM 系统提供数据分析工具，帮助组织了解客户行为趋势、销售趋势和市场趋势。它生成报告和仪表板，促使管理者作出决策，改进战略和策略，并优化业务运营。

综上所述，CRM 系统的主要功能涵盖了客户信息管理、销售管理、市场营销、客户服务和支持，以及数据分析和报告。这些功能帮助企业建立牢固的客户关系，提高销售和服务效率与质量，增强企业竞争力。

阅读拓展

客户体验管理专家布鲁斯·特姆金

布鲁斯·特姆金（Bruce Temkin）被广泛认为是大型组织如何通过客户体验建立差异化的领先专家。他于 1998 年加入著名的客户体验研究与咨询机构 Forrester，在 Forrester 工作的 12 年间，Bruce 领导了公司的 B2B、金融服务和客户体验业务。作为副总裁兼首席分析师，他连续 13 个季度成为阅读量最高的分析师，并且是业内最受欢迎的咨询顾问和演讲者之一。Bruce 撰写了许多 Forrester 最受欢迎的研究报告，他还领导了 Forrester 在许多客户体验评估方法论的创建和升级。

离开 Forrester 之后，Bruce 创立了研究和咨询公司——Temkin Group。作为执行合伙人，他为很多全球领先的公司提供了体验咨询服务，在顶级行业活动中担任主题演讲者，研究客户体验趋势，并撰写了 **Customer Experience Matters** 系列博客，这是有关客户体验的最受欢迎博客之一。Temkin Group 于 2018 年 10 月被 Qualtrics 收购，Bruce 出任新设立的 Qualtrics XM Institute 首任院长。

（三）CRM 系统的场景套件及应用

目前，对于企业而言 CRM 系统最终目标是吸引新客户、保留老客户以及将已有客户转化为忠实客户。增加市场获客，统计各渠道客户信息并进行各渠道获客分析。目前主流的 CRM 种类繁多，本项目以简道云 CRM 为例，介绍主要栏目和应用如下。

主要功能包括以下几点。

线索分配：客户线索统一沉淀至线索池，销售从线索池批量领取线索。

客户跟进：调取客户信息便于销售查看，销售可在信息表中添加跟进记录和计划，不合要求的线索可退回公海池。

商机管理：及时记录客户的不同需求，依据跟进情况更新商机跟进阶段。

商务过程：确定成单后，在线发起合同签订、开票申请等商务流程。

售后管理：发起退货流程以及提供测试、安装等服务时录入服务工单记录工作量。

基本的 CRM 场景套件如下：

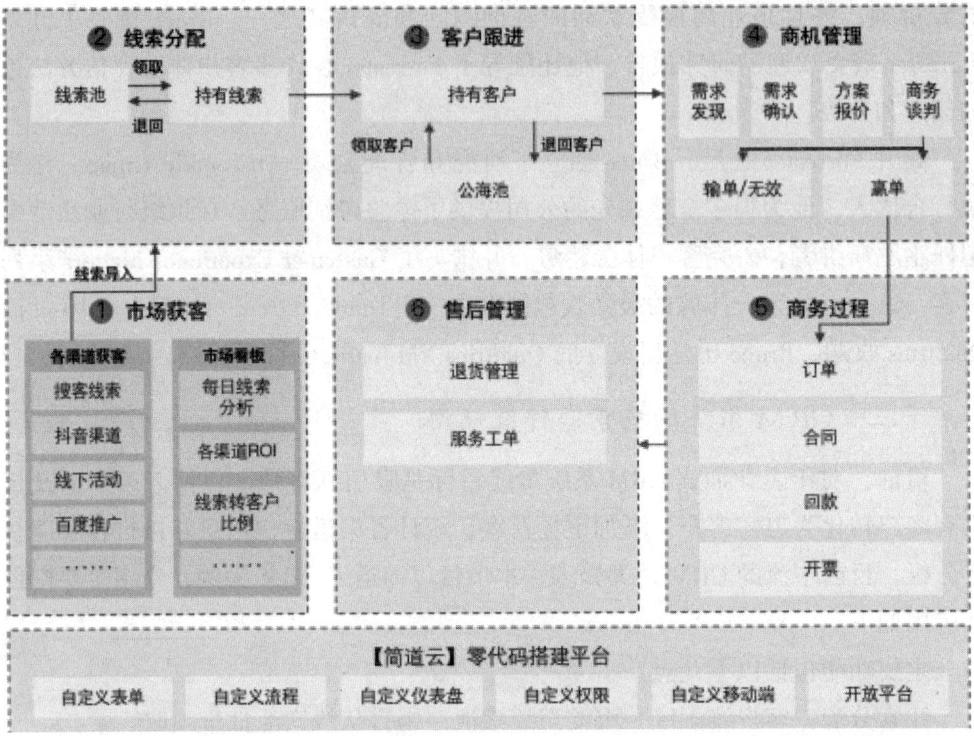

（1）管理员登录简道云 CRM 工作台后，点击右上角自定义企业工作台，通过简单的鼠标拖拽动作即可完成企业工作台的个性化设置。

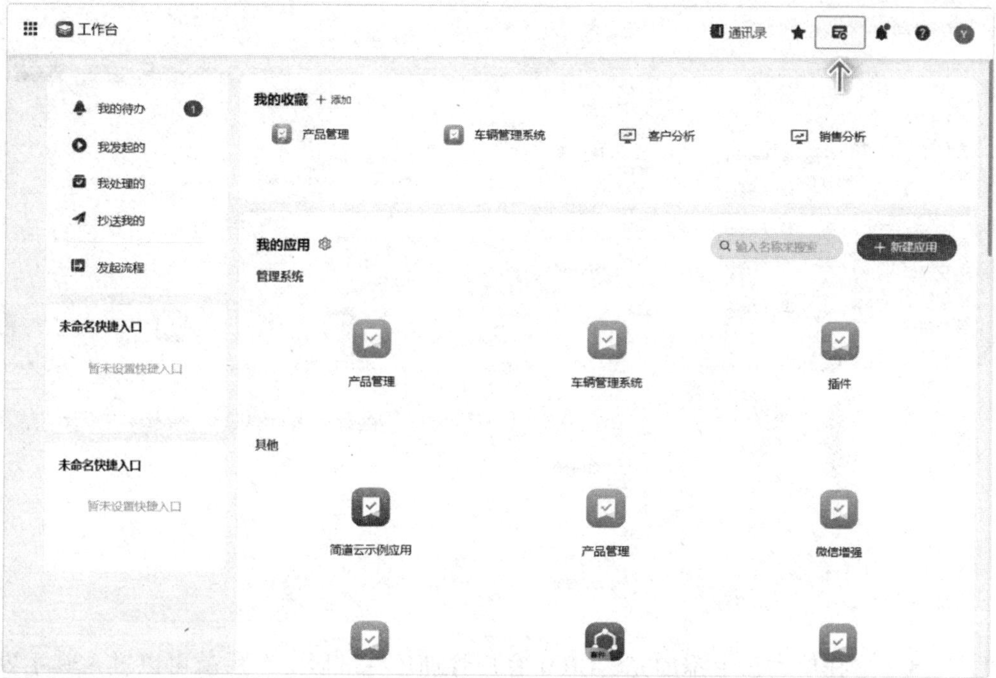

自定义企业工作台设置支持：布局组件的选择有支持单栏 / 左侧分栏 / 右侧分栏。

页面组件的添加：支持在工作台添加流程中心、我的应用、快捷入口、图表看板、富文本、轮播图、我的收藏、我的图表、外部应用等组件。

（2）在仪表盘上添加完“CRM 客户管理（标准版）”后就可以进入其主界面：该界面包含了 CRM 业务中大部分核心数据的汇总统计表，业务人员可以快速查看自己的销售业绩情况，提升业务便捷性；管理人员可以及时获取一手团队销售关键的数据，合理制订工作决策和目标。

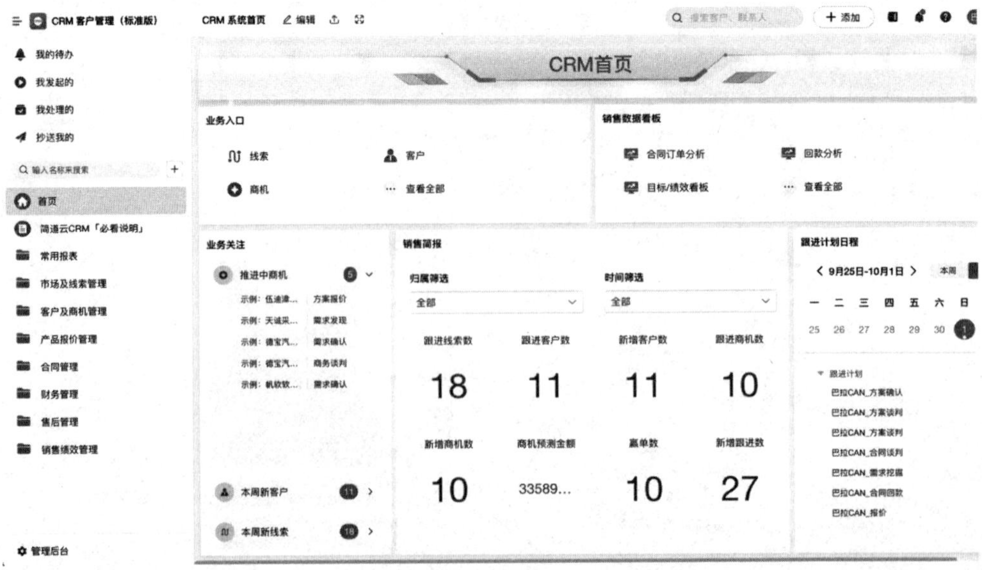

（3）全局搜索：进入首页，在顶部点击搜索框可进行全局搜索，通过以下字段在 客户表和联系人表中快速搜索到客户 / 联系人，点击对应的客户 / 联系人可以直接进入详情页。客户表包含客户名称、客户编号等信息。联系人表包含姓名、手机号等信息。

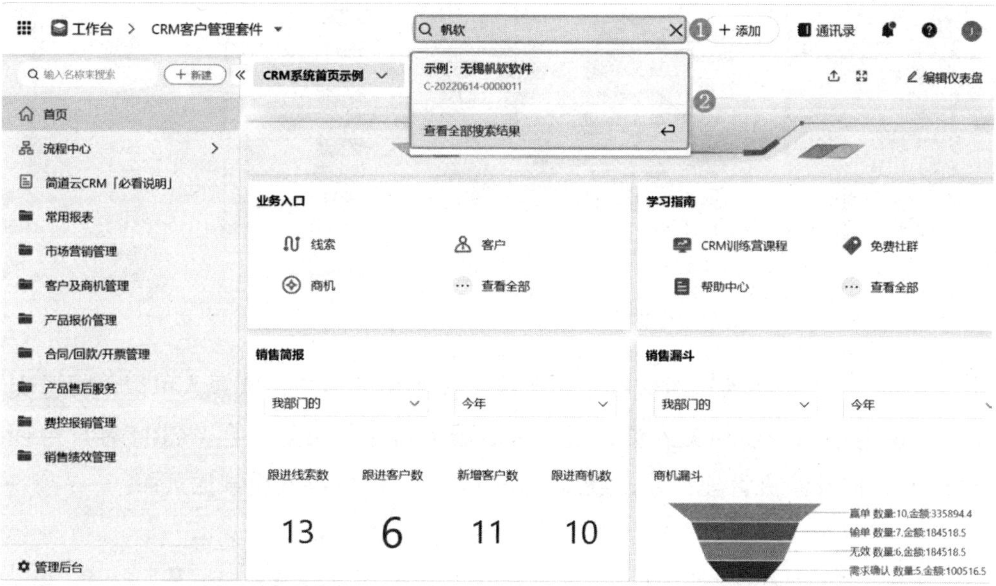

（4）客户表入口：在简道云工作台进入“CRM 客户管理套件”，在“客户及商机管理”分组中，点击进入“客户”页面。

（5）联系人表入口对应的是企业或团体类型的客户，联系人可以是促进交易与销售沟通的企业相关人员，或是售后服务对接人员等。在“CRM 客户管理套件 >> 客户及商机管理”处，点击“联系人”，即可进入线索池页面。

（6）跟进记录表整合了金融销售中的跟进情况，是销售和客户沟通的记录。跟进记录支持销售的网络跟进、当面拜访跟进、销售机会跟进、合同订单跟进等，方便查看对客户的动态记录，避免错过有机会的客户。销售人员在与客户相关的任何业务阶段中，都可能会产生跟进，如商机、报价、合同、回款等场景。销售主管可定期地查看相关销售人员的近期跟进记录情况，以便进行分析和管理。

在“CRM 客户管理套件 >> 客户及商机管理”处，点击“跟进记录”，即可进入跟进记录表页面。

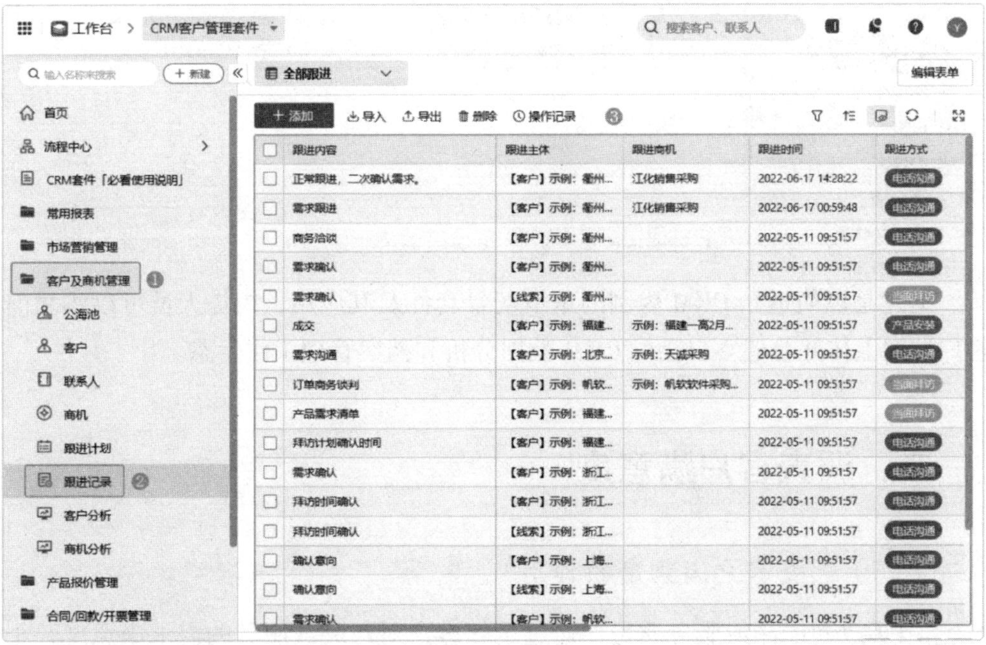

（7）跟进计划表中整合汇总了所有的跟进计划，为实现销售目标而制订对客户的跟进计划和工作安排。制订好跟进计划，不仅能帮助销售人员合理管理客户信息，让工作有条不紊地进行，还能让协作人员更好地配合工作。

在“CRM 客户管理套件 >> 客户及商机管理”处，点击“跟进计划”，即可进入跟进计划表页面。

上述是以简道云 CRM 为例的基本场景套件及其应用，销售人员可以将之前客户档案上传并且建立自己的 CRM 数据分析和档案管理工作生态。

二、调查客户满意度

（一）调查客户满意度的作用

（1）改善产品或服务质量：通过了解客户对产品或服务的需求满意度，企业识别出哪些方面可以进行改进，以提供更高质量的产品或服务，满足客户的期望。

（2）提高客户忠诚度：满意的客户更有可能成为忠诚客户，继续购买产品或使用服务，并可能推荐给其他人。通过提高满意度，企业可以增加客户忠诚度，提高客户保留率。

（3）增加市场份额：满意的客户可能会积极推荐企业的产品或服务，从而帮助企业增加市场份额。口碑传播是一种强大的市场推广方式，可以通过客户满意度来实现。

（4）降低客户流失率：了解客户不满意的原因有助于企业采取措施降低客户流失率。降低客户流失率可以节省成本，因为留住现有客户通常比吸引新客户更经济。

（5）指导决策和改进策略：客户满意度调查提供了宝贵的反馈信息，可以指导保险公司制订决策，制订战略，并优化业务运营。它可以帮助企业更好地了解客户需求、市场趋势和竞争环境。

（6）建立品牌形象：通过问卷调查结果可以了解企业的客户体验和不断改进产品和服务，从而增强品牌。客户问卷的积极关注结果可以在营销材料和宣传中发挥亮点。

总之，调查客户满意度的主要目的是确保客户满意度、忠诚度和长期合作，同时帮助企业提高产品或服务质量，增加市场份额，降低客户流失率，指导决策和改进策略，以及建立强大的品牌形象。这有利于企业在竞争激烈的市场中取得成功。

阅读拓展

银行客户满意度调查

某全国性银行一直处于市场竞争中，其意识到客户流失率在上升，同时面临着新兴数字银行的竞争。该银行决定通过客户调查来了解客户需求和痛点，以提高客户满意度并保持市场竞争力。目标是通过客户满意度调查，收集客户反馈，识别问题和机会，改进银行产品和服务，提高客户忠诚度，并吸引新客户。

该银行与市场研究公司合作，设计了一份包含多个方面的客户满意度调查表，如在线银行服务、柜台服务、贷款申请流程、信用卡服务等。表格中包括了定量和定性问题，以获取详细的客户反馈。银行通过多种渠道，包括电子邮件、手机短信、网上银行登录页面和电话调查，向客户提供了参与的机会。

收集到的数据被仔细分析，包括定量指标如满意度评分，以及定性反馈，如客户的期望和建议。银行利用数据分析工具来识别重要的客户痛点。银行根据调查结果制订了一系列改进计划。其改进了在线银行界面，提高了客服响应时间，简化了贷款申请流程，并增加了介绍 ATM 机的操作流程。银行向客户传达了他们的改进计划，并表达了感谢客户的反馈。他们还推出了一项新的客户奖励计划，以激励客户继续使用银行的服务。结果，随着时间的推移，银行的客户满意度得分明显提高，客户流失率下降，客户满意度增加。同时，银行吸引了新客户，维持了优势竞争力，继续在市场上取得成功。

这个案例强调了金融企业进行客户满意度调查的必要性，以及通过改进计划来提高客户积极性，实现业务增长和市场竞争力的保持。通过满足客户需求并不断改进产品和服务，银行成功地提高了客户满意度，吸引了新客户，并保持了市场贡献。

（二）如何开展客户满意度调查

开展金融客户满意度调查是提高服务质量、客户忠诚度的重要工具。以下是开展金融客户满意度调查的常规步骤。

（1）制订调查目标和计划：首先，明确你的调查目标。确定你想要了解的方面，如在线银行服务、柜台服务、信用卡产品等。然后，制订调查计划，包括调查时间表、样本选择和调查方法。

（2）设计调查问卷：设计一份综合性的调查问卷，涵盖各个方面的问题，包括问卷评分、开放性问题（让顾客提供详细反馈）和投票选择问题。确保问题具体、清晰，以便顾客容易理解和回答。

（3）调查方法：金融客户满意度调查可以采用多种方法，包括在线调查、电话调查、纸质调查或股票访谈。选择适合你客户群体的方法，并确保客户隐私不被泄露。

（4）调查样本：确定参与调查的客户样本。这可以是随机抽样、整体客户或特定分层样本，具体取决于你的目标和资源。

（5）数据收集：开始调查，向客户提供调查表或邀请参与。确保提供多种回应方式，以方便客户选择。

（6）数据分析：收集到的数据需要经过仔细的分析。对满意度得分进行统计分析，并汇总开放性问题的反馈。这将帮助你识别客户满意度的痛点和机会。

（7）制订改进计划：根据调查结果，制订改进计划来解决客户关注的问题。这可能包括改进产品流程、提升服务质量、简化办事流程等。

（8）客户沟通：向客户传达你的改进计划，表达感谢客户的反馈，并告知他们你对他们的意见。透明和积极的沟通对于建立客户信任和忠诚度至关重要。

（9）实施改进计划：开始实施改进计划，确保在业务操作中反映客户反馈和建议的变化。

（10）定期循环：不仅进行间歇的问卷调查，还应定期循环客户反馈，以确保持续改进。这可以成为一个持续改进的循环过程。

（11）总结与反馈：最后，总结调查的成果与团队分享，并思考哪些策略有效，哪些需要调整。这有助于不断提升客户满意度调查的效果。

表 8-1 所示的金融客户满意度调查是一个关键工具，可以帮助金融机构更好地了解客户需求，提高服务质量、客户忠诚度，从而在竞争激烈的市场中保持竞争优势。

表 8-1　互联网金融投资人满意度测评指标

序号	一级指标	二级指标
1	企业信誉	信用等级、信任机制认证、网络口碑
2	网站系统	功能、性能、设计
3	网站信息	信息质量、信息安全性
4	网站服务	服务响应、服务关怀、投诉处理
5	标的价值	年化收益率、管理费、标的数量、满标速度
6	交易安全	本息安全、担保、标的披露透明度
7	提现和赎回	速度、难度
8	用户体验	上网体验、服务体验

即学即用

请思考一下，目前你或者你身边的人是否有参与过顾客满意度调查？调查结果是否有帮助企业提高客户服务质量？如果没有，你觉得是哪个环节出了问题？

阅读拓展

金乡农商银行成功挽回客户 5 万元钱

6 月 5 日，金乡农商银行金兴支行的工作人员愉快地接受了客户刘先生的感谢之词。刘先生情绪激动地说：“现在诈骗手段太高明了，多亏了你们，不然我的 5 万元钱就被骗走了，真是太感谢你们啦！”

当天，刘先生急匆匆地来到金乡农商银行金兴支行营业厅，要求重置手机银行密码，并急着进行转账。刘先生是该支行的老客户，从事家居建材生意。了解到刘先生刚接到了一笔订单，需要为金乡某中学订购 200 张学生床，支行的大堂经理王长龙帮助刘先生重置密码后，了解到刘先生在规定时间内需要向位于济南的厂家支付 5 万元定金。此时，工作人员和刘先生进行了交谈，通过沟通得知，一位自称金乡某中学财务的宗老师突然给刘先生打电话，要求订购 200 张学生床，称学校迫切需要货物，必须有现货。虽然刘先生并不认识宗老师，但对于学校的订单还是比较放心。然而，在刘先生找不到有现货的熟悉厂家时，宗老师建议他私下联系一个厂家，该厂家确实有现货，并表示可以当天发货，但需要支付 5 万元定金。刘先生将厂家要求告知了宗老师，而宗老师表示学校可以先付款。随后，宗老师打电话告知刘先生学校已经全款支付了货款，并发送了付款凭证。当刘先生尚未收到款项时，学校财务解释说跨行汇款的速度很慢，可能会延迟两个小时到账。

听到刘先生的情况描述，工作人员警觉起来，本着对客户负责的原则，并要求刘先生拨通厂家电话以核实情况，并告诉厂家钱还未到账，我们有车下午去你厂接货和交付款项。然而，厂家在听到要求后拒绝了，并挂掉了电话。工作人员与刘先生一起梳理事件经过，最终确定这是一起电信诈骗案件。为了确认事实，工作人员要求刘先生给金乡某中学打电话确认。经过核实，该中学证实这是一起骗局。刘先生这才恍然大悟，成功避免了 5 万元的经济损失。他激动得连连感谢金乡农商银行的工作人员。工作人员为刘先生安装了“国家反诈中心”App，并向他普及了有关防范电信网络诈骗的知识。

从那以后，刘先生对金乡农商银行充满信任，任何金融和投资问题都会前往该银行站点寻求咨询，并按照银行工作人员的建议和指导进行操作。

三、分析客户流失原因与挽回方法

（一）客户的流失原因

对于企业来说，客户服务非常重要，客户是每个企业得以生存和发展的必要基础。如果客户服务不好，就意味着订单很难达成，甚至对行业的负面影响也会越来越大。那么，会出现客户流失的原因有哪些呢？

（1）不满意服务或产品质量：客户可能因为不满意产品或服务的质量、性能或功能而选择流失。这可能包括产品故障、低质量的客户支持或不充分的解决方案。

（2）竞争对手的吸引力：竞争对手可能提供更具吸引力的产品、价格、服务或奖励计划，使客户转向其他品牌。

（3）价格要点：客户可能对价格变化非常敏感，如果觉得产品或服务价格过高，可能会寻找更便宜的替代产品。

（4）缺乏个性化或定制服务：如果企业未能满足客户的特定需求或未提供个性化的服务，客户可能会感到不满意，选择流失。

（5）客户支持不足：缺乏及时、有效的客户支持、投诉处理或解决问题的渠道导致客户不满意，并选择离开。

（6）生活变化：客户的生活状况和需求可能发生变化，导致他们不再需要或无法使用某种产品或服务。

（7）无法解决问题或需求：如果客户提出的问题或需求得不到解决或满足，他们可能会感到不满意，最终选择离开。

（8）长时间不活跃：客户可能会因长时间没有与企业互动而流失。这可能表明他们已经找到了替代产品或不再需要相应的产品或服务。

（9）不愉快的经历：不愉快的购物体验、员工不友好、冲突或问题可能导致顾客流失。

（10）迁移或外部因素：客户流失也可能受到外部因素的影响，如搬家、资金或其他不可控制的情况。

（11）缺乏客户忠诚度计划：如果企业未能提供吸引客户并保持其忠诚度的计划或奖励措施，客户可能会更容易流失。

（12）市场变化：行业或市场条件的变化可能导致客户需求发生变化，使一些客户不再适合企业的产品或服务。

了解这些客户流失原因可以帮助企业采取措施来防止客户流失，并提高客户忠诚度，吸引新客户。客户关系管理和客户满意度预防调查是管理客户流失的有用工具。

（二）客户的挽回方法

挽回失去的客户是维护客户和提高客户忠诚度的关键步骤之一，往往能顺利挽回的客户会更忠诚于企业，以下是一些常用的挽回客户的方法。

（1）了解原因：了解客户离开的原因。这可以通过客户问卷调查、交流或分析客户的行为来实现。理解问题的本质是制订有效挽回计划的关键。

（2）个性化沟通：根据客户的离开原因和需求制订个性化的沟通策略。这可以是电话、电子邮件、短信或社交媒体上的定制消息，以表达沟通意愿并解决问题。

（3）提供解决方案：主动提供解决方案，解决客户的问题或满足他们的需求。这可能包括特别的折扣、额外的服务或改进后续的产品。

（4）优惠和奖励：提供吸引客户回归的优惠和奖励计划，如折扣、礼品卡、积分或专门的促销活动。这可以激励客户重新尝试你的产品或服务。

（5）改进服务：分析客户反馈，并采取措施改进产品或服务的质量。确保客户看到你的承诺和改进措施。

（6）建立客户关系：通过积极的沟通、关心和提供支持，建立巩固的客户关系。当客户感到关系被重视和尊重时，更有可能回归。

（7）提供增值服务：提供额外的价值和服务，以区分自己并满足客户需求。这包括教育材料、培训、在线资源等。

（8）持续跟进：持续跟进客户，以确保他们对产品或服务的满意度，并提供帮助或解决问题。定期与客户交流，以维护联系。

（9）重建信任：如果客户流失与信任问题有关，要通过公平、透明和可靠的行为来重建信任，确保承诺得到实现。

（10）监测和改进：定期监测挽回客户的效果，并根据反馈和数据的变化进行调整。持续改进挽回策略，以确保最大的成功率。

（11）保持联系：即使成功挽回客户，也要继续保持联系，并提供价值，以确保客户长期满意度和忠诚度。

企业挽回客户通常需要时间和努力。成功的挽回计划需要综合考虑客户的需求和关注，并提供解决方案和价值，以重建客户的信任和忠诚度。

四、计算客户终身价值

（一）客户的让渡价值

客户的让渡价值是指企业转移的、客户感受得到的实际价值。它的一般表现为客户购买总价值与客户购买总成本之间的差额。

顾客让渡价值是菲利普·科特勒在《营销管理》一书中提出来的，他认为，顾客让渡价值是指顾客总价值（Total Customer Value）与顾客总成本（Total Customer Cost）之间的差额。

1. 客户的让渡价值

客户在购买产品或服务时，总是希望把支出的总成本降到最低，同时又希望从中获得更多的实际利益，以最小的代价使自己的需求得到最大限度的满足。因此在选购产品时，客户往往从总价值与总成本两个方面进行比较分析，从中选择收益最大，即客户让渡价值最高的产品作为优先选购的对象，而舍弃客户让渡价值较低的产品，更不会做“赔本买卖”。

因此，企业在提供产品或服务时，如何让客户感受到最大的让渡价值成为维系客户良好关系的重要因素。一旦客户在合作过程中感受到自己获得的总价值低于自己的总成本，那么将直接导致客户关系往坏的方面发展，长此以往将失去客户的合作欲望。

2. 客户总价值

客户为购买某一产品或服务所期望获得的总利益，包括产品价值、服务价值、人员价值和形象价值。顾客获得更大“客户让渡价值”的途径之一，是增加客户购买的总价值。客户总价值由产品价值、服务价值、人员价值和形象价值构成，其中每一项价值因素的变化均对总价值产生影响。

3. 客户总成本

客户总成本指的是客户为购买某一产品所耗费的时间、精力、体力、情感以及所支付的货币资金等，它包括货币成本、时间成本、精神成本和体力成本。

（二）客户的终身价值

客户终身价值最早由弗雷德里克·赖克赫尔德提出来，是指一个客户在与企业关系维持的整个时间段内为企业所带来的净利润，表现为客户为企业带来的利润减去企业为获得和维系与该客户的关系而产生的成本之后得到的差额。

从客户生命周期的角度来看，客户的商业价值不仅是发掘客户的单次商业价值，更重要的是深入挖掘客户的整个生命周期的商业价值，即客户的终身价值（见图 8-1）。客户终身价值描述了企业预计客户在长期的购买行为中，会对该企业带来的未来利润的总现值。客户生命周期、客户商业价值两大因素共同影响着客户终身价值的大小。客户生命周期中成熟期越长，较高客户商业价值折现的年限越多，客户终身价值越高。

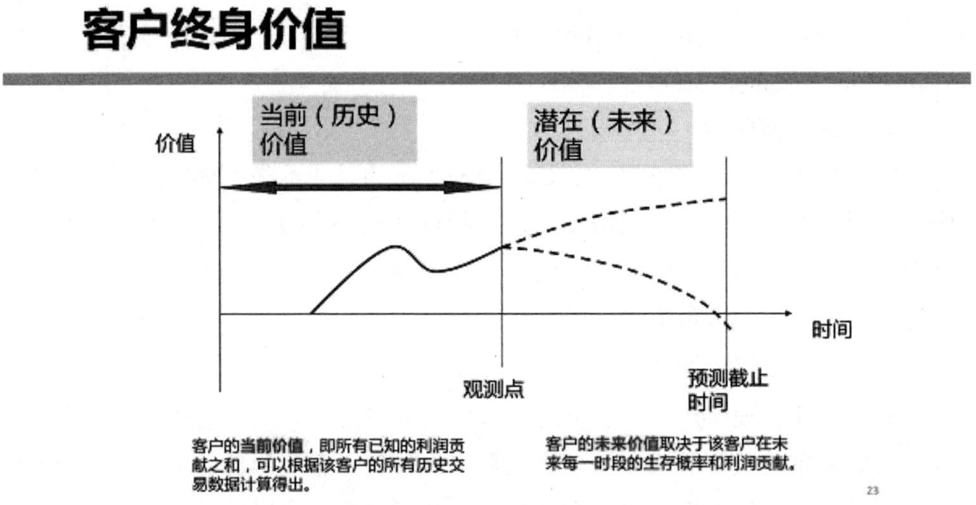

图 8-1 客户终身价值

假如，一家保险公司想计算他们的客户终身价值的话，他们需要考虑以下因素：客户终生内可能购买的保险产品以及客户可能带来的续保收益和推荐新客户的潜在价值。因此，我们看到此客户的终身价值公式可以表示为：

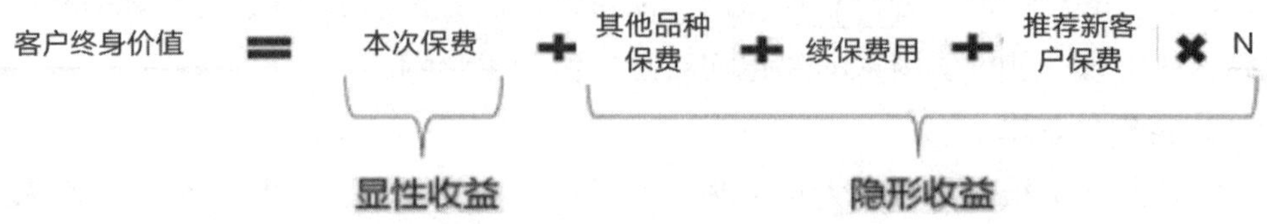

图 8-2 保险客户的终身价值

每个客户的价值都由以下三部分构成。

（1）历史价值：到目前为止已经实现了的客户价值。

（2）当前价值：如果客户当前行为模式不发生改变的话，将来会给公司带来的客户价值。

（3）潜在价值：如果公司通过有效的交叉销售可以调动客户的购买积极性，或促使客户向别人推荐产品和服务等，从而可能增加的客户价值。

从狭义来理解，客户终身价值是指个体客户在与公司保持关系的整个期间内所产生的现金流经过折现后的累积和。从广义来理解，客户终身价值是指所有客户终身价值折现值的总和。

金融思政

互联网时代，服务“三农”的农商行该如何转型？

农商银行设立初衷是服务于农村、农业和农民的金融机构，其初心和本源是为“三农”服务。农商银行所服务的客户主要是传统小微企业、个体工商户和种养殖户，这些客户在面对市场变化时，应变能力相对不足，经营管理能力相对弱，经济容易受损。

同时，金融市场竞争激烈，互联网金融发展迅速，新兴技术的应用也对传统金融业造成了冲击，这使得农商银行的传统优势受到挑战。在这种情况下，农商银行需要回归本源，专注主业，专注实体经济，制订发展战略和保障措施以应对挑战。

为了应对挑战，农商银行采取了一系列举措。一是降低利率政策，为经营困难且前景良好的企业提供优惠政策，降低他们的融资成本。二是开展帮扶共建工作，通过定期开展活动和加强合作交流，帮助企业共渡难关。三是投身公益慈善活动，为大众居民提供各类暖心的金融和非金融服务，同时与其他部门合作开展扶贫助童等活动。通过这些举措，农商银行履行了社会责任，提升了客户满意度和忠诚度。

此外，农商银行还需要加强金融科技建设，与互联网公司合作，提供便捷的金融服务。目前，一些优质农商银行已经拥抱金融科技，建立了科技研发中心，推出具有市场竞争力的产品，通过与移动互联网公司合作，弥补自身在数据应用分析能力和科技人才方面的不足。

同时，农商银行还发展差异化的业务，以满足不同客户的需求。当前，商业银行的产品同质化现象越来越明显，客户对利率等方面的要求越来越高。在这种情况下，农商银行通过信贷产品创新，精准满足客户需求，提高信贷审批效率，减少客户时间成本，吸引了更多客户。另外，通过政策性贷款推广、试点新型担保方式等措施，缓解了企业融资难问题，为客户提供了更多选择。

农商银行通过回归本源、专注主业、专注实体经济、加强金融科技建设以及开展差异化业务，积极应对挑战并为地方经济社会发展作出了积极贡献。

思考一下

金融服务“三农”还有其他什么形式？

知识点测试

（一）选择题

1. 以下哪项不属于 CRM 系统的功能？（　　）

A. 客户信息管理　B. 销售管理　C. 人力资源管理　D. 市场营销自动化

2. 调查客户满意度的主要作用包括（　　）。

A. 改善产品或服务质量　　B. 提高客户忠诚度

C. 增加市场贡献度　　D. 降低客户流失率

3. 以下开展客户满意度调查的步骤包括（　　）。

A. 制订调查目标和计划　　B. 设计调查问卷　C. 选择合适的调查方法

D. 确定参与调查的客户样本　E. 数据收集和分析　F. 制订改进计划

4. 以下哪项不是挽回客户的方法？（　　）

A. 了解原因并制订个性化沟通策略　　B. 提供优惠和奖励计划

C. 改进产品或服务的质量　　D. 扩大市场份额

（二）简答题

1. 请简要描述 CRM 系统在客户关系管理中的主要作用。
2. 如何开展客户满意度调查？
3. 请简要描述挽回失去的客户的常用方法。

课中实训

实训一：建立客户档案与 CRM 系统应用

实训目标：

学生能通过使用简道云 CRM 系统为客户建立档案。

任务描述：

CRM 系统是一种旨在帮助组织有效管理客户互动和关系的软件工具或平台。该系统通过收集、存储和分析客户信息，追踪客户互动和交流，帮助企业更好地了解客户需求、行为和偏好。因此，以个人为单位，借助简道云 CRM 为客户建立档案。

任务要求：

以个人为单位，注册简道云 CRM，实际操作 CRM 在线系统，了解该系统的基本功能以及实际操作方法，最后将任务的成果填写在表 8-2 中。

表 8-2 CRM 系统操作

实训二：计算客户终身价值

实训目标：

学生能通过小组合作的形式，计算金融销售对象的终身价值。

任务描述：

客户的商业价值不仅是发掘客户的单次商业价值，更重要的是深入挖掘客户的整个生命周期的商业价值，即客户的终身价值。因此，作为销售人员要学会计算客户终身价值。

任务要求：

以小组为单位，每个小组针对之前选定的金融产品，分析不同金融产品的消费者（不少于 5 种）的终身价值，制作成表格在课堂分享。内容务必详细，最后将任务的成果填写在表 8–3 中。

表 8–3 不同金融产品消费者的终身价值

知识梳理与归纳：（请绘制本项目的思维导图）

思考总结与心得分享：